U0061614

跨文化溝通原理

從本質到現象

澳門城市大學學術論叢

陳震 著

策劃編輯	梁偉基
責任編輯	許正旺
書籍設計	a_kun
書籍排版	何秋雲

書　　名	跨文化溝通原理 —— 從本質到現象
著　　者	陳震
出　　版	三聯書店(香港)有限公司
	香港北角英皇道四九九號北角工業大廈二十樓
香港發行	香港聯合書刊物流有限公司
	香港新界荃灣德士古道二二〇至二四八號十六樓
印　　刷	美雅印刷製本有限公司
	香港九龍觀塘榮業街六號四樓 A 室
版　　次	二〇二三年九月香港第一版第一次印刷
規　　格	大三十二開(140 mm × 210 mm)二〇八面
國際書號	ISBN 978-962-04-5345-8

© 2023 三聯書店(香港)有限公司

Published & Printed in Hong Kong, China.

本成果受澳門城市大學資助,促成本書出版,特此感謝!

目 錄

致謝   i

自序   ii

前言   xiii

第一章　感知和認知　001

第二章　社會性動物　017

第三章　認知與溝通　025

第四章　溝通原理　037

第五章　符號與溝通　057

第六章　語言溝通　063

第七章　非語文溝通　075

第八章　文化與文明　085

第九章　文化差異　103

第十章　身份認同　119

第十一章　全球化與文化多元化　145

第十二章　跨文化溝通的問題　161

參考文獻　179

後記　183

致謝

　　本書能夠在短時間內順利寫作和出版，歸根到底要感謝家人的支持和激勵，感謝在日本留學期間的碩士和博士導師多田稔先生和 Norman Waddell 先生所給予我的諄諄教誨和品格模範，是我一生的財富和不斷進步的動力。

　　在此也感謝澳門城市大學給予我執教的機會，圓了我當一個知識的直接搬運者的夢想，而且讓我可以在幾年之內，負責十幾門科目的教學，並將各種知識融會貫通。本書就是很好的例子，它是我在閱讀和教學中一些思考和體會的總結，也證明了大學給予的機會和本人的努力也沒有白費。

　　同時，也感謝我的學生們，無論他們是為了獲取學分還是為了汲取知識，我都很感激他們，沒有他們，我的課堂就不存在，我的講課也會無味和無趣。

　　最後，我要感謝我的朋友們和親人們，他／她們的善意和關懷都給了我卑微的心靈以強大的自信。順便為所有腳踏實地的學者們點讚！

自序

在這個充滿功利主義的社會中，除了實感的金錢，文化資本是最重要的且隱性的生存條件。學歷是文化資本的重要標誌，而知識成為一種令人眼花繚亂的打包商品。不僅考慮學校是否名校，專業排名高低，其科學前沿學科和基金獲取的可能性也都保證了社會生存實用性。不可否認，在工商文明的現代社會，理科在實用和實際微觀科學的應用上確實可以有無窮的新發現和進步的可能，對於社會發展的實際「貢獻」也必然比文科要來得大。文藝復興和啟蒙運動推開了探索神學之外的自然世界的大門，並被賦予「解放愚昧」的光環，漸進式的自然科學研究發現釋放了順從於神權和君權下的人類潛能，更賦予科學以至高神聖的地位，彷彿缺少了科學的加持，一切學識都是不確定和虛幻的。為此，人文學科不得不為其存亡而改變，人文必須得加上科學才是正統。人文本是人的思想之學，那又如何科學化呢？要麼通過加入科技元素，例如教學工具的高科技化，來體現思想的先進性；要麼，將人文的研究內容科技化，例如大數據人文、量化人文、數字人文等等，這些本應是輔助工具的科技和研究方法紛紛粉墨

登場，搖身一變，成為人文的科技化急先鋒，唯恐無法證明自己的科學主流正統性。人文內部的學科也一樣，爭先恐後地產業化商業化，或者為科學搖旗吶喊，以披上科學外衣來證明自己是有用的，不是社會發展的累贅，而是學術前沿先端的時代先鋒。殊不知，思想是個人的，每個人的思想都有其獨特性，思路亦是如此。將思想剝奪了個性，就等於將人類去除了人性，人文學科也就成為冷冰冰的科學定律陰影所掌控下的現象分析工具。學術研究也相應地蛻變成學術理論遊戲，要麼把各式各樣的理論上升為真理，用來解釋五花八門的個別現象，子非魚亦知魚之樂，我要我覺得，把自以為是的理論強加於所有社會現象，作為學術創新研究的資本，彷彿發現新大陸似的，覺得看到的現象就一定可以用所謂的理論來解釋，而且變著花樣來，並美其名曰科研成果。而且必須要蹭熱度的主題，在熱點話題下，管他是什麼，只要能拉扯上，就要分析一番，而且還要像個學術研究的樣子，至於有沒有研究意義，那看自己怎麼昇華結論了。就像，如果突然要提倡刷舌頭，就會有一堆文章用醫學哲學社會學心理學的各種理論，研究一天要刷幾次舌頭，在什麼大環境小環境下刷，用什麼舌刷或舌膏，如何刷才符合科學規律，或者大數據或者問卷調查亦或是文獻研究，還會產生各種學術爭論爭議和權威流派。於是申請基金研究出版，並與消費和產業掛鉤，儼然學術應用之先鋒。要麼在預設結論的前提下，搞一些似是而非的問卷調查進而整理，只要將所謂的數據加工，要麼搞些量化軟件來分析各種

有目的地抽取到的數據，公式計算和理論分析並駕齊驅，百花齊放，科技興隆，成果斐然。這在論文寫作和發表上，愈發有明顯的趨勢。只要能套上一個理論，再加上量化問卷分析，一堆令人眼花繚亂的數據砸過來，擺明的先進科學研究方法又如何批得了呢？何等似曾相識的文章套路啊！呵呵！

人文科學化因此，在科學至上的時代似乎是不可避免的走向。問題是，這真的是人文的本質和命運嗎？人文本是思想的結果，來自於個人，同樣也回歸於個人。個人的思想會影響他人和社會，但絕不會同化他人，他人也不會成為和你一模一樣的個人。知識也是如此，知識是人為主體的認知結果，因此是主觀的，知識會過時，會被替代，也沒有絕對真理的知識。一旦有了真理，那還研究發展什麼，直接應用不就得了。對於科學而言，它只能永遠追求真理，而無法到達真理，它的確定性來自於它的假設前提，而這個前提卻只是而且必須是個不證自明的邏輯奇點，只能相信，無法論證，就算論證也只是用該假設前提去論證自己的結果，從而用結果來說明前提可以推理出結果而已。充其量，它只是一個類似食尾蛇般的東西，在自圓其說罷了。因此，所謂的確定性只是在於論證過程的確定性，而非所謂不證自明前提推導出的絕對論點。而人文，卻可以天馬行空，任思緒自由翱翔，可以有各種前提，無須確定，卻自然有道，可以風輕雲淡，也可閃電暴雷，萬物宇宙，自在人心。無須絕對的真理，亦不必強求定律，萬物生息不滅，人文自然無形。科學與技術結合可以

微觀世界，人文卻可將萬物收入心中運籌帷幄。失去上帝的人類彷彿只有抱緊外在的科學才不至於迷失，但又因此走向狂妄自大，卻忽略了人文才是人類的自我和將來。

人類是多麼地需要確定性的生物啊！以至於忘了自我自性的重要性，而轉向外物之定律，這就是人類的原罪和弱點，伊甸園的蘋果明瞭美醜善惡，卻將人類拉入了偏執的世界，從而喪失了自我的樂園。科學的確定性是原罪的發展，愈走愈遠，它是無法將人類帶回伊甸園的。佛家所說的快樂狂喜，無法用外物買到，金錢做不到，科學也一樣做不到。

社會是需要穩定性和確定性。它需要標準來統一和規範秩序。個性對於秩序而言，無足輕重，甚至有害。它更需要定律定理。而人的弱點和惰性是趨向從眾的。在這一點上，人和社會有共同的需求。這就是為何佛門與紅塵有別的原因吧。所謂見性成佛，或許是指摒棄那些弱點和惰性而言吧。只要是在社會就無法做到吧，難怪一些宗教的先知們都只能在野外得到了啟示。

對於知識和教育而言，權威主流也一樣是膜拜的對象。理論大家、教材、國際標準等等無一不是。甚至連大學教育使用的PPT也不例外。

PPT作為現代科技產物，歷史雖然不久，但儼然成為教育和教學的標準乃至象徵。它的迅速崛起是現代社會，尤其是教育方面的一種代表性現象，反映了現代技術在功能功利化世界中的特殊地位。因此有必要對此現象產生的社會性本質進行分析和反

思，旨在指出其危害性。PPT 的知識簡化功能，使得打包式學歷商品化交易的蔓延成為可能。而 PPT 的知識外化不僅成為片面追求學歷教育的高效率的幫兇，也使得教師的地位變得邊緣化和外化。技術在教育中本應是輔助的作用，現在卻是主導和評價教育的所謂標準。海德格爾提出的技術的促逼和設置，正是 PPT 現象的本質，解蔽的本質如今卻阻礙了解蔽。如何真正回歸解蔽，教育教師學生的內在聯繫如何恢復，正是 PPT 現象背後應有的反思。

自上世紀 80 年代被發明，並於 90 年代成為 MS Office 中主要的應用程序和工作軟件，PPT 在群體活動中的支配性地位已不可撼動。從大型國際會議到課堂教學，PPT 是做 Presentation 展示必不可少的工具，其原因在於它簡單扼要的總結功能。它可以將講演者所要表達的想法和內容，通過類似幻燈片式的頁面，以最小的篇幅和最少的文字，輔以圖像等視覺效果，在短時間內達到可以濃縮說明乃至說服的目的。因此，在教學中 PPT 迅速成為教育現代化的標誌，成為一種指標性的教學形式，可以用來評價教師的教學內容和成效。

那麼 PPT 為何可以與現代教育迅速結合並成為其標誌？PPT 的本質為何？對教育的危害又是什麼？

PPT 是標準化和高效知識打包的重要工具。現代工商社會大環境下，現代教育的目的在於普及知識，向社會輸送能適應其生活並且符合其日常和發展需要的人。因此，教育也必然趨向實

用主義和功利化。同時工商經濟社會也是競爭的社會，個人的社會參與需要擁有內在且符合制度的文化資本。而比起金錢資本，相對容易獲得的和被承認的是，通過公認的學歷教育來擁有文化資本。這種大環境也很自然地導致了學歷社會和知識的商品化。在這個通向以獲得學歷為終點的商品化供應鏈裡，學校是必不可少的主體企業，提供場地、設備、制度等的支援，既是中介和學歷供應商，也代表了知識商品化的權威認證者。學生是學歷知識的剛需購買者和體驗者，也是學歷商品的最終擁有者。教師則是被僱用者，是學校的學歷商品的代言人和實際傳遞學歷知識的中間銷售環節。在教育鏈條上，三者缺一不可，這樣就形成了一個完整的學歷生產銷售購買的供需商品體系。學校必須以擁有學歷者得到的知識體系，來設計打包可認證的課程和學分，各個課程的知識內容同樣也必須是可知和可核實的，對於學生和教師在教和學上同樣是可控和可評價的。對於學生而言，只要通過各門課程學科的考試和具體評分要求，就可以在規定年限內獲得可認證的學歷和學位。教師的流動性則相對其他兩者要大得多，這和其他的企業沒什麼區別。而其工作內容也必須是可評價的。其中包括是否由教授規定課程的知識內容，是否達到傳遞和考核知識的效果，以及是否完成學校在整個供應鏈中必要的形象建構任務，特別是學術上的成果，一方面可以提升教師作為代言人的形象，另一方面也是作為主體的學校提升自身形象的重要方式。

也就是說，文化資本以學歷獲得為證明，學歷則以課程學分

的完成為基本的滿足條件，而課程則以各式各樣的科目類似打包式套餐得以設計和體現。那麼，如何高效地獲得文化資本，其根本就在於如何高效地打包知識。在學校設計課程範圍內容並得到政府批准開設課程之後，主要的和現場的知識打包執行者就是教師。學生則是消費者，更是希望在最短時間內通過獲取學分來得到學歷。於是，在這過程中，基於供求雙方的願望和利益最大化，知識的速食化和商品化過程得以成立。即，知識成為外在之物，無須內化成個人的內在文化資本，而純粹是制度和學歷意義上的文化資本。知識也從內在有效性轉化成為功利性的擺設。傳統意義上的三者之間的抽象內在的文化傳承的功能因此不復存在。

在這個瘋狂追求高效和外在象徵的知識打包過程中，PPT因運而生，備受追捧，短時間內就從工具搖身一變成為象徵。工商業文明的特徵就是流動性和高效率。社會大環境決定了需求，當制度性文化資本－學歷成為判斷人才的首要條件時，如何使學歷標準化也順其自然地成為國家和社會的文化教育政策所必須要解決的問題。學歷是結果，一旦結果成為最重要的目的，作為過程的知識研究也就不太重要了。對於學歷的獲得和認證評估，傳遞的方式如何簡化和高效化才是重點。PPT的簡單總結功能，完全符合這種需求。正如利奧塔對現代知識傳遞的批判，PPT在知識簡化上的高度有效性，使得學校體系內的學歷知識打包高效化和標準化成為可能。學校負責認證、發出學歷證書，老師負

責打包知識進行傳遞，學生只有拿到 PPT 才有得到知識的充足感和滿足感。在這個體系下，知識成為外在和可見、可標準化、可大量複製的商品。製造 PPT 和拿到 PPT 對於體系內的師生同等重要，因為這正是可評價知識傳遞與否及其效果的標準。

作為工具，PPT 必須是代表科技、現代化的象徵。它必須不斷和科技更新結合，以避免脫鉤於時代，功能也必須更多更方便。它本身必須是一種權威，不僅僅是工具，而且化身為一種教育的符號：代表知識，代表科技，代表思想，代表時尚，代表進步。這樣它才能被包裝更新成體系內普遍認同的現代化首要教學工具，以掩蓋其商業商品化的內在變質。整個教育體系也通過簡化過程得以高速商業化運轉，源源不斷地向社會輸送有學歷認證的人才。

在 PPT 成為評價知識傳遞的標準之後，學生不再注重將知識轉化為能力的過程，同樣地，學校成為評價的主體，考試評核必須標準化。對於教師而言，一方面，是評核學生的執行者，另一方面，也是被評核者。不僅被學生所評價，也被學校所評價。學生作為消費者，終極目的在於學歷的獲得以進入社會，在學歷獲得過程中，最大的攔路虎就是教師。嚴格和複雜的授課內容和方式，對於他們是一種障礙和麻煩製造者，考試內容範圍也是越小越好，PPT 教學當然是最好的選擇。對於學校而言，除了所謂的科研成果貢獻外，就是評價知識是否完整通過課程來傳遞，而最方便的方式就是看教師是否做了 PPT 和做了多少 PPT。

於是，大容量的簡化和格式化與傳遞效率和速度，而非知識內涵，成為 PPT 教育的追求目標。這是因為系統通常是通過減少複雜性來高效運作的。PPT 可以被用來代表一門課程的知識，打包銷售的綜合效率決定了課程的運作效率和資本優化後學校的生存優勢。簡化後並可被大量複製，速度優於內容性能，這些才是追求學歷背景下的學校為何採用 PPT 作為標準的原因。

打包後的固定化知識商品，必須能迅速大量複製給所有體系的消費參與者（即學生）。教師一個人就能擔任這項複製過程的工作。這使得消費者在短時間內完成形式上的交易，從而獲得學歷。在以學歷承認為目的和標準下，流水線似的大量複製符合整個體系所有參與者的利益，而 PPT 也完美地融入體系並承擔其標準化的重責，成為知識和科技的時代代言人。唯一被放棄的是知識內涵化的過程。

PPT 的功能在於格式化和簡化以及效率化，這也正是現代科技的特徵。海德格爾所說的，人與自然的關係由於現代技術的促逼而異化，使得人與自然都成為集置中的持存而無法解蔽。科技的集置、促逼、生產與訂造，使得所有參與者都成為持存，從而堵塞了解蔽這一原本應有的本質。PPT 本質也是如此。作為現代技術的產物，它實質上使得人與知識之間的關係異化，知識傳遞的機械化，充分顯示了現代技術在知識教育上的危害。

PPT 和教育的科技化只是科學至上下知識現狀的冰山一角。人文也是其犧牲品。它得被放置在科學的聚光燈下被審視和

甄別是不是符合科學性，否則就是科學的敵人，愚昧的同義詞。功利主義下的進步觀迫使人文只能作為科學的分支學科為之搖旗吶喊，科學儼然成為道德標準，而人文學科是其道德綁架的人質，思想在定律定理理論下無處安放，明知淪為科學的奴婢而無力反抗，明知淪為其遊戲的工具而委曲求全。數年前出版的拙作《重返伊甸園——論人類病態意識的起源》中，曾對科學及其導致的危害作出粗略的討論，本書的寫作是在該書出版之後的教學過程的總結，自然也就延續了這方面的看法。但是，本書轉向另外一個主題，那就是人的溝通問題。溝通是人文而非科學領域，是關於人的情感與動機在社會中的綜合反映。溝通涉及更為複雜的社會性問題，還有現代社會中存在的形形色色錯綜複雜的國際問題。因此，這會更具現實性和針對性，所涉及的學科內容也就自然更為交叉和具體了。關於溝通，通常我們常常在討論人際溝通，人與人之間如何在共性和差異的雙重背景下進行意思交換，而跨文化溝通也是人際溝通中一個重要、而且與一般的同一文化內部溝通更為複雜的主題。實際上，跨文化溝通的探討則並非單純只是文化差異的表面現象的比較問題，需要回到文化和溝通的基本問題來討論。溝通和文化都離不開個人和群體社會的問題，離不開差異性和共性的問題。也就是說，涉及了共同體和個人之間的關係，以及共同體中的個人之間的差異性問題，包括了無論是生物性還是思維方式抑或對社會性的態度。溝通乃至跨文化溝通，首先是個人的認知和存在問題，這是哲學的主要問題。而共

同體則是社會性問題，由共同體延伸出來的文化，牽涉到了歷史學社會學心理學和傳播學等多領域的研究課題。溝通的形式以及其概念也隨著時代的進展，隨著科技的進步而一直演進，包括溝通心理學以及媒體心理學，都是新興的研究領域。溝通的研究問題本身可以包容多種學科，無論是哲學科學宗教抑或是心理學。課題繁多，但弱水三千我只取一瓢，並無意也不可能用所有的學科知識來說明。本書的著重點在於溝通的本質，在討論完溝通的根本問題——人的感知和認知——並提出溝通的基本原理之後，通過對溝通的本質和現象分析，聚焦文化本身的特性以及共同體和個人的思維及習慣，再進入共同體的問題，包括身份認同以及全球化文化認同和文化多樣性等，多方位和深入解讀現代社會溝通現象背後的實質。我們所看到的只是對世界區分的結果，並非世界的原貌。本書希望建立在溝通本無完美的認知基礎上進行展開。人文本無冷冰冰的科學公式，溝通也是如此。希望不落俗套，卻也不想標新立異，只是講道理罷了。

陳震

2023 年 4 月於澳門

前言

　　只要人類存在，就永遠也離不開溝通的問題。有道是，「天地不仁，以萬物為芻狗，聖人不仁，以百姓為芻狗」。自然本無意義，而意義是人類理性判斷的產物。萬物溝通自然發生，無需意義。人的溝通則是例外，對於人類，溝通行為本身可以轉化成意識層面的解讀，並由此產生對於個人和團體自身而言的特殊意義。書籍藉由文字產生、表達並傳遞意義，因此，本書也只針對產生意義的溝通來探討，也就是與人相關、與人的意識相關的溝通行為。

　　通常我們所說的溝通，是相應於英文 Communication 的中文翻譯，既不只是單向的傳意，亦非狹義的個人交際，更不是廣泛的傳播，而是主客體之間的雙向意義上的意識交流。正如中文字面所顯示，溝通首先是要「通」，這是目的，而且體現了個人意識層面的某種努力。缺乏了人的意識參與，溝通就無所謂有無意義。所以，一提到溝通，通常都是指向人的溝通，有主體和客體共同參與，有個人也有群體。群體由個人構成並代表團體成員的整體意識，建立在個人意識的基礎上因而更為複雜和常變。雖

然溝通的探討常關於人際溝通和社會團體溝通，但其實不僅限於此，而是指以人為主體參與的意識交換的過程，在超過一人的溝通行為過程中，主體的角色也會是多向性的，可以相互轉換。

人與世界，人與家庭與社會都離不開溝通。溝通構成了生活。溝通來自無意識，是一種自然需求，一旦轉化成意識，就產生了目的，產生了對自我和他人不同意義的需求碰撞，形形色色的社會問題也由此產生。我們生活中絕大多數的煩惱和病態，都來自於社會性的溝通問題。個人是主體，而他人對於自身而言也是主體，主體的意識碰撞衝擊因而不可避免。溝通障礙的表象問題，例如如何使得溝通順暢，如何預判而不出錯，是溝通的基本難題，但並非本質。對主體而言，他者皆為客體。主體和他者的主體性爭奪話語優先權，從而產生衝突，如何達成妥協和平衡，才是根本性的問題。「他者即地獄」，也許存在主義者薩特的名言說的就是這個意思吧。

溝通無處不在，既可以是個人層面的，也可以是團體的。沒有溝通，社會無法存在和發展。社會也為溝通提供舞台，人既是主體也是媒介。人構成社會，人類社會結構越複雜，其溝通的方式和形式也就越是千變萬化錯綜複雜。現代工商文明正是由於其結構的複雜性和多變性，迅速吞噬並取代了相對簡單的農耕文明，也因此使得溝通的手段和問題呈現出多樣性和複雜性。溝通要轉化成意識，需要經由個人的感知和認知來完成。先從個人的認知出發，逐步超越個人的範疇，進入與他人與社會溝通的多維

溝通層面，最終構成了我們所看到和認知的世界。小社會到大共同體，國家到國際，歷史、現在到未來，一樣是人類溝通的舞台和產物。這一切離不開人的認知和思想，改變世界的不是科學，不是生產力，而是從個人的思考燎原而成的思潮。這一切，離開溝通就不可能實現。

人際溝通是主體之間意思的交換過程，而跨文化溝通只是人際溝通的一種複雜類型，是限定於不同文化背景的主體之間的互動和理解。意思交換的背後是意識和認知的轉化，其根本是來自於個人對於世界和社會的感知和主觀經驗。世界與人之間相互投射，從而得出對於外界的印象，而這完全是主觀的，但卻往往被誤認為客觀世界本身。因此，本書首先從個人的層面的溝通入手，討論人的感知和認知問題，這是因為感知和認知是個人層面溝通的方式和產物，從而為溝通提供思考和行為的依據。人的感知和認知是有其物種規定性和缺陷，更受到個人條件背景和群體文化的影響，因此雖有機制上的共性，但感知和認知的結果卻因文化和個人而異。然後，從個人的感知和認知的獨特性決定溝通必然存在問題的這一根源出發，進一步擴展到人際之間的溝通原理的究明，最後延伸到社會層面，共同體之間，不同文化之間，國與國之間的溝通問題，牽涉到文化特性、文化差異、文化認同、全球化和文化多樣性的辯證邏輯關係等等問題。本書的寫作思路從而由源頭開始，由個人開始，由小到大，來逐層討論溝通的基本原理和具體問題。畢竟，無論是哪種溝通，都要回歸到溝

通的本質和源頭上來，才能真正理解溝通的現象。

　　要討論以上問題，不可避免要涉及到各種學科的基本問題，例如哲學、傳播學、文化人類學、社會學、語言學等等，都需要跨學科進行整合思考。尤其是在跨文化溝通問題上，尤為複雜。除了溝通基本原理之外，如何看待文化更是一個難題。「文化」這個詞本身就難以下一個具體微觀的定義，不同文化的內涵也同樣難以界定，更不用說共同體的問題，到現在仍是導致衝突的根源。這也導致，雖然文化差異顯然存在，但是文化之間的對比就只能籠統而言，而無法絕對來談。文化在範疇區分上，有大的群體文化，也有次文化和亞文化的小型文化。本書限於篇幅，無法具體到文化內部的分級討論，因此只能從異文化的大區分開展籠統的說明。在本書的章節中，除了注重溝通原理和文化差異之外，主要還對文化差異的孿生姊妹——文化認同現象，尤其是在中國現代身份認同的課題下進行分析，從多維度試圖對溝通的障礙深入解讀。相對於同類的溝通類書籍，本書的一大特點就是加入了對身份認同和文化認同的探討，因為跨文化溝通的一大障礙就是對自身文化的過度認同。但由於認同的問題，例如國家民族和文化的內部構成成分和認同感狀態，在具體世界各個國家情況都不同，無法用同一個模型和理論來統一說明，因此本書主要針對中國的現狀來探討。文化差異與文化認同問題，全球化與文化多元化問題，國家主權和地球公民，難民移民和少數族群困境等等，同樣是難有一個絕對的立場和角度，這是本書寫作的難度，要挑戰是不太可能的，但試著去理解和解讀也許會是一種樂趣吧。

第一章

感知和認知

溝通歸根到底，是個人的意願和行為問題，產生並來自於個人對於外界的感知。人的感知觸發意識，而意識在無意識的「生存意志」的驅使下，進行極為快速卻又複雜的思考反應並產生目的性，從而主動與外界進行溝通行為。因此，要明白溝通是什麼以及為何需要溝通，首先必須簡略地探討感知和認知的問題。

　　經由感官，人類感知外界並採取適合生存的行為，因此，感知行為出於本能，人類感知的方式也是進化的結果。本能是無意識的，而感知是意識層面的，至於道德判斷則是意識被外界價值標準所規範的結果。無意識是不可被意識的，是意識的根本和源泉，神秘不可知，超越意識所能及的範圍，只有隱藏於意識深處的潛意識和下意識才可以被後知後覺。因此，挖掘和認知無意識的說法根本是無稽之談，我們所能認知只能是被隱藏的意識並加以解釋。無意識是物種生命為了生存而產生的自然慾望和意志，而感知的產生過程卻是複雜的，對於外界的感覺是通過神經傳輸到大腦並被加工和轉化成各種訊息。經驗便是訊息積累的產

物。因此感知並非單純無辜的感官本身的行為，它是一種轉換的結果。感知是外界投射於人的產物，同時人也將投射的轉換結果再投射於外界，從而得到對於世界外物的心靈印象。認知是純意識層面的思維加工，新接收的訊息與儲存的資訊配對聯繫結合起來，從而得出在意識層面可以自我解釋和接受的結論。

每一種物種都通過接收外界訊息，以便獲得食物和物種存續的其他基本條件。人是高級動物，與其他生命一樣，生存是本能和第一要素，在漫長的演化過程形成獨有的生存反應機制。人類的感官和大腦一樣如此，因而才能站在食物鏈的最頂端。而每種生物的感知機制卻是不同的，人類喜歡以自己的機制去理解其他物種，但永遠也無法真正體會其他生命體的感知。也就是說，人類的感知是有自己的規定性，每個物種亦是如此，各自感知到不同的世界表象。

這就涉及到認知論的問題。不單是存在為何的問題，而是，我們感知和認知到的世界是否就是這世界原來的樣子呢？以及，我們是否能夠真正認知世界的本貌？

古希臘思想家高爾吉亞關於認知的學說曾經被總結為以下三個要點：

1. 無物存在。

2. 即使存在也無法認知證明。

3. 即使認知證明也無法表達。

這三個觀點實際上是西方哲學問題的縮影。第一點，「無物

存在」其實是本體論的追問，對於萬物存在的本質的終極思考，甚至對於意識層面的存在本身的質疑；第二點，「就算有東西存在我們對它也一無所知」的觀點，是關於認知論的問題，即，是否可以認知和確認存在的根本問題；第三點，「就算我們對它略有所知，我們也無法將這些知識傳遞」，則與 20 世紀的新哲學流派語義邏輯學派的學說，甚至與解構主義和後現代主義的觀點有關。這個學派的代表人物是維特根斯坦，他的名言是「如果我們不能表達，就應該保持沉默」。維特根斯坦發現形而上學的問題是在語言邏輯之外的，因此根本不能用語言將其明確闡釋。換而言之，存在本身和語言表達的意思是兩回事。解構主義和後現代主義解讀的自由和多元化，也對訊息傳遞的單一性和絕對性提出了質疑。這三點整體而言，在否定個人意識感知和認知確定性的基礎上，也對溝通本身提出了懷疑。蘇格拉底對於「無知」的自我批判，實質上也指出了認知的局限性和知識本身的不確定性。

　　喬治·貝克萊曾提出「存在即是被感知」。也就是說，我們只能通過感知來把握物質，至於這個物質是不是真實存在，我們根本沒法繞過心靈去證明。正如文藝復興時期批判中世紀神學並指責其透過蒙在眼上的面紗來看待世界一樣，人類作為一種生物，本身就是透過某種面紗來感知外界，而這面紗就是我們的感知機制。換而言之，我們和世界之間，並非直接無間的，而是隔著那些感官及其接收訊息的特殊機制。正是這些機制的規定性決

定了我們感知和認知世界的方式和轉化結果。那麼，我們如何又能夠確定地說，我們所感知到的就是世界原來的樣子，世界的本貌又怎麼能真正認知到呢？我們所能確定的是我們感知的結果，而不是感知之前的樣子。笛卡爾所說的「我思故我在」，也是這個道理，人自己只能確定意識層面的活動，實際的物質原樣是無法得知的。康德的「彼岸」其實就是那個無法到達的「物自身」的世界，而黑格爾的「精神回歸」也是出於無奈的解決方式，試圖使得人與物質本身之間的鴻溝得以順利連接。

英國文藝復興時期著名哲學家弗朗西斯・培根曾經提出認知的四大假象：種族（物種）假象、洞穴假象、市場假象和劇場假象。我們可以借用這四個假象來理解感知和認知上的弱點。種族假象只是一種比喻，其實指的是由於人類自身的感知方式和理解方式的限制而導致對世界的印象會產生錯誤。洞穴假象則是個人背景、經驗和知識等因素導致的偏見，每個人都在其洞穴中觀察和理解世界，從而得出各自拼湊和解讀的關於世界的認知假象。市場假象是以語言為主的訊息交流中產生的如爭辯和幻想等的混亂感，過多的訊息往往使人無從判斷。劇場假象是從各種哲學教條以及從證明法則移植到人心中的假象，對於教條的盲信往往造成偏執，認為一切都是其必然結果，殊不知一切的理所當然都是他者所編織推演的結果。這四大假象恰恰是溝通中人們常出現溝通障礙的源頭，無論是人感知理解力的自身規定性和局限性，還是在溝通過程中外界因素的影響，都會導致溝通

產生偏差。

人的意識本身具有惰性，生存需要快速的反應，因此必須將儲存的訊息在可理解解釋的範疇內分類，並作出歸納，將最常用經驗中最有效的認知規律儲存於接收感官訊息的最前沿，以便可以下意識地做出迅速反應，但也因此常常出錯。而且，人的感知和認知機制之規定性，雖然是演化的最適化結果，但本身是片面和局限的，並且是扭曲過濾世界的本貌以獲得最大程度的生存條件。因此，進化的好處和局限性是共存的。不單單是人與其他物種的認知方式不同，所認知的世界的樣子也不同，而且人的認知局限性也決定了我們所認知的世界其實就是一種表象和假象。在這個意義上，人都是主觀的，作為主體來認知世界，卻一廂情願地認為可以客觀地認知。或者說，根本就沒有客觀這種東西，只能說不能完全或極端主觀片面地思考認知。一切的認知，只要是人作為主體介入觀察思考產生感知和認知結果，就或多或少都是主觀的。既然人是主觀的，那麼看待世界的尺度一樣是人自己，是主觀的，而且因人而異，只不過這個尺度的標準可以用抽象的方式來得到一定程度的共識。因此，感知和認知是外界對於感官的投射及其轉換，是種假象。

個人則更為複雜和特殊，可以將自己的情緒投射於世界，使得外界呈現出與情緒相關相似的樣子，再進一步影響感知和認知。「疑鄰竊斧」這個寓言就是這種投射的清晰寫照。

　　人有亡斧者，意其鄰之子。視其行步，竊斧也；顏色，竊斧也；言語，竊斧也；動作態度，無為而不竊斧也。俄而，抇於穀而得其斧。他日復見其鄰人之子，動作態度無似竊斧者。其鄰之子非變也，己則變矣；變也者無他，有所尤也。

　　這則寓言中，有人懷疑鄰居是偷了他斧頭的人，於是觀察他臉上的神色表情、說話和動作，就沒有一樣不像是小偷的樣子。那人等到找到丟失的斧頭之後，再看到鄰居家的兒子，覺得他的一舉一動、面目表情都不像偷斧頭的人了。顯然，認為對方是不是小偷的想法，投射到他的外表上，嚴重影響到對他樣子的判斷，而認為看到的就是他真實的樣子。

　　王陽明所說的「心外無物」和「心外無理」，也是這個道理。這並不是說物質事物不存在於心靈之外，而是說，我們所認知的「物」和「理」，都是我們自身主觀印象的產物，絕不是事物原本的樣子。

　　西方哲學從古希臘哲學開始，就已經在質疑所見到的世界，而轉向探求世界的本源為何。不僅是初期自然哲學的物質最基本組成部分，到柏拉圖的超越萬物之上的完美「理型」之後的哲學追問，包括神學和科學，都在做同一件事，那就是「眼見為虛」的質疑之後的無窮追問。大地、海洋、空氣、星際，連時間、空間以及人存在本身都是追問的對象。同樣地，東方的佛學也是一

樣，四大皆空、五蘊皆空的說法都是指向認知的假象問題。擺脫
煩惱苦海輪迴的唯一方法就是從悟空開始，諸法皆因緣起，見性
則成佛。因此有佛法三法印：諸行無常、諸法無我、涅槃寂靜，
從「無」角度對一般我們所認為常識和理所當然的認知進行了徹
底的否定。[1]佛學經典的《心經》中所說的「五蘊皆空」，也完全
否定了在認知真實世界時的感官的感知功效。事實上，這樣的說
法在科學上已經得到解釋，我們的眼睛只能接收很小一部分的光
譜並轉換成可識別的各種顏色，我們的耳朵將振動波轉化為各種
聲音，舌頭鼻子的味覺和嗅覺也只不過是為生存所需而設定，香
臭甘苦對於不同動物和人都有不同的設定。無論是西方哲學本質
的「眼見為虛」還是佛教的「空」和無常無我的認知本身，在本
質上都是相通的。

　　我們的感知和觀察本身已經在以自身的感知規定性來轉化這
個世界的原貌，更不用說思考的局限性其實是再度扭曲和改造關
於這個世界本身的樣子。海森堡的量子力學所關聯的測不準原
理，講的是，在觀察時，物質的微小成分呈現特定形態於特定位
置，不觀察時，則以其他不同形態存在。也就是說，就算是認知
觀察的行為本身，也都在影響甚至扭曲這個世界。真理就是去除

1　三法印是識別判斷真假佛法的唯一標準：一切法若與三法印相違的，即使是佛陀
親口所說，也是不了義；若與三法印相契合的，縱然不是佛陀親口所說，也可視同
佛說。

人的因素的邏輯奇點，與人無關，測不準原理[1]也說明了：一旦真理被意識參與，就不是真理的原貌了。「人類一思考，上帝就笑了」，這句話說的其實就是，人的意識是有局限性和弱點的，為生存之目的而演化的生理機制的運作本身就與真理無關。

因此，我們看待世界的方式本身就是在轉換這個世界的原貌。作為感知和認知的主體，除了主體與客體之間投射和轉換的物種共通機制之外，還有一個更為複雜的因素，那就是個人因素。上文提到，生存是生物的第一要素，為了生存所需，人是利用儲存的訊息及其所歸納出的因果規律，對新的感知訊息進行比對而作出迅速反應，而這些儲存的訊息和規律因人而異。每個人從出生開始，甚至是來自基因和在母體中的各種狀況的影響，家庭教育經歷等等的後天經驗也是不同的，而這導致了主體個人的反應機制的內涵各自不同。簡單來說，就是每個人的「先入觀」的不同。

「先入觀」的不同，也就極大地影響到了轉換後結果的差異。也就是說，每個人所感知和認知的世界表象是不同的。每個人都有他自己所特有的天性、專長或缺陷；或者是所受的教育和與社會生活經驗多寡及差異，或者是來自各種知識（無論是書本或網絡）和所喜愛崇拜的權威。形形色色的先入觀，由印象產生

1　在量子力學的學說中，一般來說有以下觀點：量子層級的數據無法被人為地觀察測量；這個不確定性來自兩個因素，首先測量某東西的行為將會不可避免地擾亂那個事物，從而改變它的狀態；其次，量子世界不是具體的。

了成見乃至偏見，喜好或厭惡，因此易於激發情感或漠然無動於衷等等，各不相同，而且還變幻不定。例如顏值即正義的說法，我們對於感知和認知的習慣和好惡之偏向性會在第一時間提供對於對方的一個判斷依據。這樣，就形成了每個人各自不同的感知和認知假象。而且，角度立場不同，一樣也會極大地影響到來自外界投射的轉換結果。盲人摸象、管中窺豹等等的成語無一不是這樣的認知局限性所導致的假象之比喻。

　　世界原本是無盡的混沌，個人只能將其區分和切割以便於認知。而且每個人區分切割的習慣和能力也各自有別。因此，除了人的物種生理和心理機能規定性外，對於單一不同個體而言，都存在不同角度片面理解世界的個人因素，包括所謂的三觀（世界觀、價值觀、人生觀）都是個人在生活中區分拼湊建構的一堆概念而已，所謂正確三觀只不過是被社會所承認的概念區分罷了。也就是說，我們的認知體系是人為區分劃分的結果，是意識性和主觀性的，與真實而無限的世界實體本身是不同的。我們常聽到「色即是空」，卻忘了後面還有一句，「空即是色」。色，形形色色的具體區分結果得到的認知，是空，這個混沌無秩序不穩定變化無常的世界的表象。表象和本質是一體的，故曰，色即是空，空即是色。只不過「空」無法直觀認知，我們需要用「色」的角度來認知世界以便生存。

　　概念是意識訊息儲存區域中的抽象化產物，它包括了名稱和名稱背後的具體訊息內涵。「無名天地之始，有名萬物之母。」

這句話出自《道德經》的第一章，是老子世界觀所憑藉的起點，既強調了「無名」是自然本源，也充分體現了名稱對人的重要作用。名稱對於概念是必不可少的，而概念對於認知和溝通而言是不可或缺的，這是因為認知和溝通內容必須具有實際的具體指向性才有實際意義。概念是以區分限定為目的，包含了符號及其意義價值和個人經驗。即使是相同的符號或者名稱對於個人而言，也是具有不同的內涵意義。人的意識由各種各樣的概念相互支撐組成知識體系，這個體系是個人區分世界的秩序體系。根據這個體系以及生存的首要需求，個人按照訊息儲存分類的鏈接以及常用的程度來進行習慣性的反應聯想思維以及行動。而人際溝通簡單來說就是兩個主體的認知體系之間的意思交換。感知和認知的個體複雜性和差異性直接導致了溝通的複雜性和困難程度。

而且，感知的主體是不可被認知的。主體可以認知客體，但主體本身是不可認知的。因為，如果主體是可被認知的話，那麼一定還有存在一個可以認知這個主體的主體，於是就產生無限推論無限循環的認知主體探索。正如人無法認知世界的原貌一樣，主體永遠也無法認知主體。「認識你自己」這個古希臘的箴言，其實只不過是一種崇高的願望而已。將主體作為客體來認知，本身也是一種假象。同樣地，對於不同主體而言，主體個體可以主觀，卻無法客觀，只能相對地客觀或主觀地客觀思維，因為主體永遠也無法完全理解客體。自我中心主導的主觀是不可避免的，重要的是如何盡量地了解客體的角度和狀況。感知和認知是機制

和先入觀共同運作的過程。你的主觀和慾求構成你的世界，事物現象其實就是主觀的假象。「子非魚，安知魚之樂」，講的就是這個道理。正如，色盲的世界是非色盲人所無法了解的。人非但無法客觀認知外界，而且對於自身亦是如此。

人與外界是通過意識相互投射的：外界投射於意識，意識被動轉化訊息；意識投射於外界，意識強加於外界感覺，因此，人與外界的交流溝通是相互作用的。我們在通過感知扭曲世界原貌之上，進一步用意識認知來再扭曲它。那我們還能說我們可以真正認知這個世界的原貌嗎？而且，每個人扭曲出的世界表象也各自不同。

除此之外，從性別而言，男女本身有別。染色體遺傳的差異，生理上的差別，一樣使得所投射出的世界假象也不同。甚至在顏色識別上，相對於男性標準三原色（紅藍綠），女性因為擁有額外的類綠色或類紅色，會天生有四或五個原色的識別能力。色盲的男性也因此比女性多得多。具有了這種對色彩的識別能力和敏感優勢，女性或許就擁有更多彩的世界吧。由於體型的關係，女性的腦袋比男性小一點，神經分布的密度較高，神經傳導的頻率較強，因此在原本的生理結構上，女性對疼痛的反應也比男性更強烈。

因此，個人的生理差異和後天經驗的獨特性同樣讓我們透過面紗，透過個人自身局限的「洞穴」視角來過濾和轉換通過感官接收到的外界投射訊息。

　　除了個人自身因素之外，外界的環境對於個人感知和認知的影響也導致了各種假象。大多數情況下，我們並非面對單一的外界物體，而是各種體系綜合而成的場景和環境。這些也導致了培根所說的市場假象和劇場假象。

　　外界形形色色的訊息令我們無從確定和判斷，我們只能根據可理解接受的部分進行選擇。無論是嘈雜的市場還是充斥著各種言論觀點的網絡訊息，都給感知和認知以及溝通造成了混亂。再加上，語言文字本身的多音多義性更是增添了不確定性，帶來了解讀和理解上的困境，使人容易陷入無數空洞的爭論和不切實際的幻想。

　　尤其是「劇場假象」則更有迷惑性。培根指出，這是從各種哲學教條以及從證明法則移植到人心中的假象。因此，它是外在意識形態對於人自身意識狀態的影響。「劇場假象」的產生，正如我們在劇場裡觀看演出一般，雖然目的在於娛樂，但卻在不知不覺中受到了劇中故事情節的感染，而使劇中所流露出的感情、思想、價值觀念等等，被我們所受納、所汲取。我們所自以為是自然或想當然的故事演繹和觀點，其實卻是他人設定的情節和結局。這種受到影響控制而不自知的狀態，實際上是外來意識形態入侵自身意識領域的結果。人的意志和意識的自然狀態由於其社會性和惰性，會因此產生病變而導致意識的病態化。

　　無論是培根所說的四大假象所指向的屏蔽或干擾接收外界訊息的意識問題，還是人本身的感知和認知機制的局限性和特殊

性，都是對人類是否可能完整和完全地認知外界提出了嚴厲的質疑。感官接收並引發一連串知覺意識的運作，並在長期和習慣性的記憶理解下形成自洽的知識經驗體系。人類出於生存需要和意識惰性，加上社會性的外來意識的侵入，產生了文化意義上和個人層面上的雙重因素所導致的成見。就算是所謂的理性思考，亦是如此。感官是特殊機制無法複製世界的原貌，而理性理智更是建立在立論的基礎上，再嚴密的推理邏輯也是有弱點的。因果關係思考和歸納演繹是我們所常用的邏輯方式。因果關係推導的弱點是我們只能從果去推導因，因為，如果結果並未發生就無所謂因果關係，而如果結果發生了，那麼它的因就已經是過去式了，我們只能在果的基礎上去猜測原因而實際根本無法絕對確認。歸納的弱點是它根本無法證明。用部分去假裝窮盡所有可能性是完全不可信的。演繹的弱點是它的前提。這個前提必須是不證自明，演繹只在乎前提下的推論過程，但實際上，它的前提無法證明，只是一種確信。一旦這個前提被質疑，這個演繹的正當性也就全面崩壞了。因此，所謂的理性在本質上也是一種似是而非的假象。而且任何思維體系導出的確信本身也是可疑的，更不用說外在環境所造成的影響干擾了思維過程而引起的假象了。換而言之，感知本身是一個感官為中介的轉換機制的過程，認知則是一個意識領域自洽的過程，二者都是對於世界原貌的一種主觀轉化和扭曲。

因此，不論是感官轉換還是意識加工的結果，都不是世界的

原貌。誰說這世界的原貌不是無聲無色的呢？那麼既然如此，每個人感知和認知到的世界並非也無法確定，而且由於個人和社會的因素，每個人所自認為的真實也都因人而異。這就是導致溝通必要性的根本原因。

第二章

社會性動物

在上一章我們對感知和認知的機制進行了簡要的討論。肉體感知傳送到大腦與記憶以及經驗相匹配，進行整理，產生感受，投射於世界使之產生意義；即，事物到人，人到事物，中間是人的轉換機制，加上情緒感受對感知的加工轉化，從而使得世界以某種面貌呈現。除了機制之外，感知和認知還涉及到個人的情緒情感，包括感知和認知所引起的情感以及情緒對外界表象的投射和影響問題。從佛學的意義上而言，我們的慾望在建構世界，我們自以為是眼見為實的世界實際上是慾望的投射。也就是說，產生現在現象經驗的背後，是個人先天條件和後天經驗。對於溝通而言，先天的認知規定性和機制具有一定的共性，而後天經驗對感知和認知所產生的現象經驗更為複雜和重要。於是在本章節，我們不得不對人的社會性進行簡單的討論。

如果說先天的感知轉換機制是硬件，那麼後天的知識和經驗就是軟件。知識和經驗為轉換新訊息提供了在意識上「確實可靠」的依據，但卻實際上因人而異。人的生命來自於父母，因此一出生就必須在一定的社會中生活，否則就無法稱得上是真正意

義上的人。社會生活的經歷顯然對個人產生了不同的生涯歷程和經驗體系。不僅是生理上的因素，社會生活中的知識和經驗會影響感知。感知是有選擇性的。我們會選擇性地接觸，選擇性地注意以及選擇性地記憶。我們在正常生理反應條件下會選擇性地感知，例如在身體需求飢餓狀態下會注意食物等可滿足慾望的相關訊息，在心情不好的情況下則會忽略一些外部訊息。而且，人的注意力也是有限的，通常只能注意一件事，我們通常所說的一心兩用和一心多用，其實是在對象之間注意力切換的速度快而已。除此之外，大腦意識體系中所儲存的堅固經驗體系也會導致感知和認知的選擇性。在社會生活中，我們會形成各種的習慣和喜好厭惡，於是我們對於外界事物的專注程度就會不同，對一定事物自然而然地排斥過濾訊息的程度也都各異。感知的選擇性會使得意識加工的材料產生差異，那麼也就會大大影響到認知的結果，人體會習慣性地產生各種相應的情緒和反應。情緒無論是正面還是負面，是接受還是排斥，會引導思考，甚至是理性思維，包括道德判斷。我們常常認為道德是高尚的，是行為的最高標準，那麼關於道德的反應和判斷一定是我們深思熟慮的理性思維的結果。然而，科學研究發現，道德判斷其實來自情緒控制的大腦區域。也就是說，我們所謂的道德判斷只不過是情緒所引發的意識自洽的合理化行為，是我們自己後知後覺地合理化了自己的情緒和判斷。這一切的個人合理化行為實際上是群體社會性因素所導致的。

在群體層面而言，文化也賦予感知以特殊的意義，使得群體內的成員擁有感知的習慣和偏好。正所謂「性相近，習相遠」，不同社會產生不同行為規範，個人思想行為也因此會有差異。個人的後天社會經驗會限制想像，限制思維的結果。我們常說，貧窮會限制想像，但是富貴也一樣如此。西晉司馬衷所疑惑的「何不食肉糜」、出自讓－雅克·盧梭的自傳《懺悔錄》的「尊貴公主」所言之「沒有麵包吃，那就叫他們吃蛋糕吧！」等等都是這樣的例子。

這些後天知識和經驗所構成的認知材料，雖然與人類所共有的先天性的認知機制不同，但一樣是個人認知的重要部分。這些材料的差異性，形成了認知以及建立在認知基礎上的溝通行為的複雜性和特殊性。

在群體生活中，人與他者的差異，慾望實現的衝突，都不可避免地產生自我意識，也就是不同於他者的那個「我」的認知。自我意識，簡單來說，就是對於這個產生現在現象經驗的「我」存在的感知。這個因與他者差異而得到關於自我的感知和認知，一樣也是通過感知機制和內涵經驗材料所得到的印象和假象。自我意識是一個複雜的結構，包括了從人體此刻的感官感知，到整合所有感知而形成的個人自我存在感，再到將過去記憶和經驗再整合形成的連續的自我認知。「我是誰」這個認知，不僅僅是關於現在的我，還包括了過去的我。這個連續的自我，才是社會生活得以正常運作的根本。無論是法律還是其他的契約精神，都

必須認定以前的「我」就是現在的「我」。每個人每天醒來第一件事，就是要有記憶的甦醒，對於我是誰、為什麼在這裡、今天要做什麼等等，都必須得到確認，否則自我的認知就無法持續。一旦這個持續的自我產生斷片，那麼就會出現各種各樣的問題，社會生活無法繼續，那麼大腦就會編造一個虛假的自我身份。一旦被揭穿和否定，這個自我就會陷入絕望。社會需要秩序，而人的社會性決定了需要確定性，就算是假象，也是必要的。因此，現代科技之所以能成為社會發展的剛需，是因為科學的確定性所製造出的假象誘惑確實難以抗拒，它為現代社會的穩定發展提供了強大的信心。同樣地，人對自己的認知或多或少都摻雜了一些自我想像和虛假的成分，並合理化之。而且，自我意識中的「自我」和他人眼中的「自我」印象和理解也相差甚遠。主體感知的「自我」和他人作為主體感知的那個「自我」，無論在主體層面還是客體的遠近程度都不一樣。在這個意義上，古希臘的箴言「認識你自己」是一件難上加難的事情。

因此，社會性在感知和認知，以及以感知和認知為基礎的溝通上，都是不可或缺的因素。英國的社會學家羅賓·鄧巴曾經對社群做過詳細的研究，提出了 3-5 人的親密圈子極限[1]，以及 150

1　關係最為親密的小圈子一般都由 3-5 個人組成。有關這個觀點的研究發現，當有另外一個人加入談話，那麼 4 人中就會有一人想要退出談話。羅賓·鄧巴：《社群的進化》，李慧中譯，成都：四川人民出版社，2019，第 42 頁。

人的團體合理人數[1]等等的理論和假設，並進一步觀察並分析了
人類是社會性動物的這一習性。從出生時的血緣關係到後來的
複雜社會關係，人的社交圈不斷地擴大和改變。大腦這個只佔人
體體重百分之二的器官，其消耗的能量卻佔人體攝入總能量的百
分之二十左右，而且花費了大量的消耗於擇偶上。男女性別是天
生的，也是演化的結果，物種繁殖是基因傳承的必要手段，也是
生命續存的前提。在現今人類進化的結果來看，基因和文化是進
化的產物和續存者。因此，除了生物基因，還有文化基因對人類
社會發展提供了基本條件。物種演化過程，為了獲得競爭力而產
生的雌雄分工導致了男女有別和性別優勢。羅賓‧鄧巴在其著
作《社群的進化》一書中詳細分析了雌雄單配制對大腦的影響，
來論證單配制的動物通常擁有更大和更複雜的大腦。很明顯，擁
有複雜的大腦和神經系統，是人類這種本身不具備強大的身體能
力優勢的物種可以傲視整個食物鏈的根本原因。擇偶是動物的基
本本能，大腦真正的消耗很可能源於配對和處理與異性之間的關
係。除了繁殖分工導致的生理上的明顯差異之外，男女的大腦也
是如此，也存在著不同的特徵和性別優勢。女性遺傳大腦皮層的

1　研究表明：群體規模與大腦新皮層的大小有非常顯著的相關性。每個人擁有的社交網路規模在 150 人左右，這一數字被稱為「鄧巴數」。指的是關係質量高的人數，認識並可信任而且與自己有情感連結的人數不會超過 150 人，而超過該數字，社會監督壓力以及共同責任感和互助互利的情感連結就會減弱，但究竟是否實用於中國及其他地區則未有調查研究。羅賓‧鄧巴：《社群的進化》，李慧中譯，成都：四川人民出版社，2019，第 42 頁。

大小，而大腦皮層與社交技巧相關。對身體弱勢的女性而言，社交更有價值，因此比男性更重社交，以獲得來自他者尤其是姊妹之間的支持。男性則遺傳情緒反應機制，這個機制的主要功能是獲得與對抗意願相關的競爭優勢序列，以控制權為目的，包括交配權和憤怒情緒，這是因為雄性的產生本來就是要通過增加物種爆發力以獲得競爭優勢。因此男性比起女性，更偏向於爭鬥。女性通過討論別人的事情來維持社交網絡從而獲得團體感，男性則通過誇耀和誇張自己擅長的關係和經驗來展示自我。這些男女大腦不同傾向的功能所導致的性別差異是演化的結果，也對其社會生活方式產生了極大的影響。每個人是父母基因所提供的特徵和智力的組合體而以各自不同的身份個性存在，男女之間的差異更使得處理社會關係難上加難。

人類從東非出走之後，逐漸殖民了地球，人類的歷史可以說就是一部晚期智人殖民世界的過程，也是群體交流網絡發展的過程。群體的聚居融合形成不同的文化，而群體的擴張也使得文化的傳播交流迅速加快，文化形態也不斷變化和豐富化。群體文化習慣也深刻影響到了個人的感知和認知習慣，甚至同一類文化也會隨著地域形成微小差異化的思維和行為。這種文化上的差異也同樣使得群體之間溝通具有必要性。

人類擁有共同的特徵和生理機制，卻也各自不同。單單機制沒有材料是無法產出的，無論個人經驗還是群體文化都給感知和認知提供了必不可少的依據。群體文化代代相傳，由其成員不斷

繼承發揚和改進，群體經驗和個人經驗是密不可分的。從個人層面而言，個人的經驗包含了群體的經驗，形成了獨有的認知自洽體系。社會需要確定性，人的存在更是如此。認知和行動都需要一個確定的依據，而這個自洽體系就是人在世界上賴以存活的牢固精神依靠。這個體系從嬰兒開始就形成，只不過那時還是極其脆弱的。隨著年齡增長，這個體系吸納了各種各樣的知識和經驗而壯大和堅固，到了老年就越顯得頑固和難以改變。當然，這個體系的堅固程度也因人而異。人通過自洽體系來判斷新訊息是否合理，遇到無法理解的就會產生排斥感。過於堅固的體系則會堅持自我體系內的絕對性而拒絕接收新訊息，因而對他者的排斥就非常強烈。接受不同於原本體系的新訊息，則必須改變甚至打破它來重新建構一個自洽體系，正所謂不破不立，這需要有強大的承受能力和包容性。孩童的自洽體系非常脆弱，容易接納不同的事物，容易受騙，但也更容易建立一個新的知識和理解體系。我們的學習過程就是如此，不斷地完善和改建，甚至徹底顛覆並重構自己的自洽體系。

　　人是社會性的動物，在生存基礎上，還要確認和追求社會中的自我存在意義。個人需要在社會中與他人交往，而每個人的生活經驗所構成的感知認知體系都不同，每個群體的社會性也各異，這也是為什麼溝通如此重要和必要。

第三章

認知與溝通

既然人的感知認知並非真知，個人在社會生活中產生的經驗及其導出的印象，和所產生的先入觀各異而且片面，那麼我們所表達的永遠是主觀的，並非事實本身。在扭曲事實和真相的感知結果的基礎上，認知又通過後天接受的知識經驗來構築自洽的先入觀體系，進一步遠離了真知。尼采的「沒有事實只有解釋」，以及結構主義到後現代主義所主張的解釋的自由和多元性，都指出了絕對認知的荒謬性。我們所描述和表達的只是意見而已，就像《羅生門》中的人物敘述一樣。

　　科學是為了預判而建構抽象思維模型並加以計算。它是建立在數學的基礎上，而數學是在畢達哥拉斯學派的世界是由數構成的基礎上，經由柏拉圖的「理型」，到歐幾里德的平面幾何原理，逐步發展而來。數字是抽象的，數字其實根本什麼都不是，卻可以代表任何事物。絕對抽象的數字所建構的科學模型和體系自然也要求必須是絕對抽象的和具有普遍解釋性，因此規律定律等等的科學原理排斥了「雜亂無章」無秩序無定型的事物，主張自己的真理代表性，任何有違科學觀點的都被視為異端和落後，

甚至野蠻黑暗。在現代科學的領域中，知識是絕對的導出，並非意見，因此也迎合了需要絕對秩序的社會。人類及其社會需要一種確定性，而科學帶來的確信給予了現代社會以信心和追求的目標。

感知和認知也是如此，無法靜止地感知光譜和振動波就無法認知外界而生存，也無法確定自己和世界的存在，而陷入瘋狂和滅亡。個人和群體的行為都是建立在信心和確信的基礎上，然而一切其實都是主觀的假象。科學和社會秩序需要和主張客觀，因為客觀的假象會帶來自信。我們的意識自洽體系所導出的先入觀，每個人都有，都是主觀的，都會依據它來思考和行動。但是先入觀的問題是，它無法客觀，而且必須按照範疇分類儲存，貼上標籤以便隨時反應、隨時使用它。

先入觀是由經驗和知識（包括家庭教育、生活經驗、書本知識、來自他人的知識等等）所形成的便於思考和反應的依據。固執己見的先入觀會導致過濾甚至排斥訊息，或將其轉換成符合自我解釋體系的內容。這將導致強烈的自我中心，將自己意見當成唯一正確的標準，然後投射強加於他人，並要求他者也必須同樣以此標準行動，就像「我這麼愛你，為啥你不愛我」之類的偏執想法。在先入觀中，有很多是來自自認為是源自某種權威的觀點或是被大眾追捧的審美標準，這都給先入觀提供了堅固的依據。

看待世界和他人都得使用依賴先入觀來生存，儲存在潛意識中來反應和思維。判斷失誤、偏見等都是來自這種儲存的訊息建

構的經驗知識體系。沒有它，無從判斷生存於社會中；有了它，卻往往封閉自己的思維，由此導致的標籤化和絕對化也是必然會發生的。

因此，標籤化外物是每個人都必須會而且必須做的，否則無法在世界上生存。我們通常會指責和批判主觀和標籤化，但卻不知道我們其實做不到完全去除它們。人是高級動物，不是完美的神，就像古希臘的奧林匹亞諸神一樣都有人自身的弱點，人身體構造和感知本身是具有規定性和局限性的。生存是人乃至所有生物也存在的第一要素，人的認知的本質是求存的結果，而非求真，求真是在求存的結果上進一步的「解蔽」。求真必須超越人體本身的肉體和精神構造，凡人無法真正做到。佛學所說的「去我執」，也許只有佛祖才能做到了吧。

正如通常會堅信眼見為實一樣，我們對於先入觀和原有的意識自洽體系往往盲目自信而輕易作出判斷。再加上現代人因為過於相信和依賴科學所帶來的確定性，更難以接受與自洽體系不同的觀點。這就給溝通帶來無窮無盡的障礙和問題。

數學和科學是理性抽象的極致，然而溝通卻絕不是在按照公式來做數學題，因為溝通必然帶有人的特殊因素，帶有太多的差異變化和偶然性，帶有個性和喜怒哀樂等個人感情，甚至可以允許和包容不完美，而這並非冷冰冰的科學定律可以解決的。人的情感和思維通常無法得到確定性的答案，就像哲學上常討論到的「電車問題」和「危困環境下吃人肉的正當性」等等的道德哲學

問題，各執己見卻無法完全統一意見。

生存是文化的第一要素，人的生理機能是為了人這種生物的生存需要所演化而來的。生存需要快速的反應，人需要確定的依據和理念才能生存，這就是唯物主義所強調的和被支持的原因。那麼社會也是一樣，它需要一種共通的原則來達成確定與穩定。正如如果完全從相對性而言，連判斷相撞的兩輛車子是誰撞擊誰都是問題，因此制定絕對的交通規則是必須的。正如體系這個東西，一切結構區分性的思維都有兩面性，不能說它們都是正面的，因為往往會限制你的思維，但是對於生存本身而言，又卻是必要的，因為它的便利性，我們可以很方便地用一種有限的結構來套用解釋，從而省去了有限制性的人本身的不足和缺點所帶來的麻煩。人不是機器，所以沒有辦法進行快速和全面的思維，因此人的意識天生具有惰性，依賴於符號和概念體系來進行判斷思維和反應行動。

自洽體系中的先入觀帶來的固定化思維和標籤化認知，是以生存為第一目的的動物性體現。它來自知識與經驗所建構的自洽體系，並不斷合理化之，使之成為判斷、預判和行為的依據。所以我們要承認先入觀的存在合理性，也要防止先入觀的僵化。改變先入觀，是反省和重構自洽體系。接受新思想和觀念是一個痛苦過程，它必須打破原有自洽結構體系，從混亂和痛苦中重生。

先入觀與邏輯是獲得確信的來源，雖然可以大大提高生存反應的效率，卻也導致思維固定化。知識限制了想像，突破知識的

限制，才能達到更廣闊的認知世界。學習就是先入觀的自洽體系的重整，乃至重新建構。就像孩童的好奇心，有著十萬個為什麼，教育和學習的過程其實是不斷建構體系的行為。在教育和學習中，我們常常提到批判性思維和「思維的柔軟化」，也就是質疑和多元化認知，不僅要質疑知識和權威標準，還要反思自己。

若要具有批判性思維和思維的柔軟性，其中一個最重要的手段就是破除固定思維和教條主義，甚至權威的絕對正確假象，正因這些外來意識會嚴重影響自己的判斷。中國的成語和寓言中都有類似的觀點：例如，因《三都賦》以致洛陽紙貴的西晉文學家左思，想要盲目模仿「擲果盈車」的美男子潘岳，駕車出遊，卻因「貌寢（醜）口訥（口吃）」而被眾人唾棄；「東施效顰」中的東施盲目仿效美人西施而倒眾人胃口。另外，還有《孔子家語》中的魯國人以拒絕鄰婦入屋來致敬柳下惠的「坐懷不亂」；[2] 而且禪宗公案的俱胝斷指（和尚斷去小沙彌模仿他所舉之一指，點醒他切勿盲目效仿）和老婦責僧（老婦責怪不讓女子入室避寒的僧

---

1 【出處】莊周《莊子・天運》：「故西施病心而矉其里，其里之醜人見之而美之，歸亦捧心而矉其里。其里之富人見之，堅閉門而不出；貧人見之，挈妻子而去走。彼知矉美，而不知矉之所以美。」

2 魯人有獨處室者，鄰之釐婦，亦獨處一室。夜，暴風雨至，釐婦室壞，趨而託焉，魯人閉戶而不納，釐婦自牖與之言：「子何不仁而不納我乎？」魯人曰：「吾聞男子不六十不同居，今子幼吾亦幼，是以不敢納爾也。」婦人曰：「子何不如柳下惠？嫗不逮門之女，國人不稱其亂。」魯人曰：「柳下惠則可，吾固不可。吾將以吾之不可，學柳下惠之可。」孔子聞之，曰：「善哉！欲學柳下惠者，未有似於此者，期於至善，而不襲其為，可謂智乎！」——《孔子家語・好生》

人，意指不可照章修行而失去慈悲心）等等的例子都在說明不可以效仿權威的教條，應該以自己方式來處理。

　　然而必須指出，群體中不可避免地有從眾心理。大部分社會人士傾向於從眾，因為在從眾心理和行為中，不僅方便，無需個人思考，個人的利益損失可以最小化，而主流代表著利益走向，從眾行為可以在很大程度上保持群體的秩序和穩定，並提供群體行動的效率。複雜的社會環境和分工狀況，需要簡單化思維和社會決策，領導者因此有其必要性。但也因此存在路徑依賴帶來的問題，不僅在習慣上延續舊有思維和行為，而且既得利益也會誘導群體的行為。社會由個人構成，個人的思維差異無法避免，相似觀點與截然不同的觀點同時存在，有主流也有異端。例如輿論主流重視道德，但仍然會出現道德和法律的爭議，在中國古代也有關於忠孝兩全問題、孟子說舜[1]等等的例子。主流和權威都會對個人和社會行為產生壓力，影響成員的先入觀。

　　雖然先入觀對於預判和行動指引是必要的，然而有固化和僵化的傾向，導致迷思，拒絕或難以接受新思想，一旦破滅，陷入混亂、惱怒，甚至怪罪他人。每個人的先入觀也不同，因此在社會人際溝通中必然會出現溝通的問題。在溝通過程中，如果在主客體之間兩者都想爭奪話語權和意見優先權，兩個不同的先

1　桃應問孟子道：「如果舜的父親瞽瞍殺了人，那怎麼辦？」孟子答道：「舜應把丟掉天子之位看作丟掉破拖鞋一般。偷偷地背著父親而逃走，傍著海邊住下來，一輩子逍遙快樂，忘記了他曾經君臨天下。」──《孟子‧盡心章句上（三十五）》

入觀體系若無法包容和達成妥協，就會產生衝突，導致「他人即地獄」般的痛苦感。所以要在實際生活中，我們需要不斷讓自己的經驗體系保持開放，用符合自己的方式來實踐觀念，來對待溝通。

在認知的意識思維領域中，除了感知和先入觀，思維和判斷還必須要涉及之前提到的邏輯思維的問題。因果推理，歸納演繹形式邏輯都有其弊端，不同前提立場、不同邏輯方式都會導致不同的推理結果，更不用說偷樑換柱、偷換概念等等的邏輯亂用或混亂導致的似是而非的觀點了。所謂的確信，要麼是堅信所謂真理或經驗的絕對性，要麼是堅信自己的邏輯正確。這些確信的來源和依據實際上卻充滿了各種缺陷和問題。

除了邏輯之外，認知過程還存在著想像力導致的問題。人與動物最根本的區別之一在於人的想像力和虛構力，可以在經驗知識體系的基礎上對新的訊息進行腦補。

腦補原為動漫相關的用語，通常是指在頭腦中對某些未知情節自動進行腦內補充，對所遇到看到的各種事物，例如在漫畫、小說以及現實中，自己希望而沒有發生的情節，在腦內幻想和加工組合，形成符合自洽理解體系的預期判斷，甚至所謂理所當然的事實。這種建構和整合訊息的過程就是我們常說的腦補。它不僅是大腦的適應性行為，也是一種心理上的自我暗示和平衡。例如照鏡子時所看到的自己的樣貌，其實是一種心理和意識相互作用的結果，通常會比自身的原樣好看一些。腦補是大腦對訊息的

一種適應性反應，有時也會形成倦怠反應。[1] 你所看到的事物是會變化的，而看到的結果和判斷形成的感覺就與心理的自我暗示與意念有關。這裡就像我們常說的「情人眼裡出西施」，我們的大腦善於依據過往經驗所形成的印象，對外界感知到的事物作出有意義的解釋，即使是不完整的訊息和圖像，我們也會將它迅速整理成我們可以理解的東西，並加以解釋。

　　人的生理機制，尤其是大腦，是求存的產物，為生存所設。生存目的下的感知處理過程，便是訊息的自洽過程。感覺和意識是接收信號後的神經系統混合產生的，意識來自於神經和身體處理過程之間的相互作用。我們感知到的事物從來都不是它現實的真面目。接收到的訊息本非求真，畢竟處理過程是轉換的過程，也有可能出錯。但是感知的目的是為了更好地生存下去。生存適應表現在生理和心理的自我調節，例如地球公轉速度大約每秒29.87公里，自轉每秒466米，而人體完全對其無感。因此，感知的固定化是演化的結果和本能，對理解外界有重大幫助。接收訊息使之成為可以理解的東西，這對生存而言非常重要。但問題是，理解是訊息轉化成意識的過程，而轉換的過程則需要自洽，自圓其說而獲得確信，以便作出判斷和行為。

　　有道是「日有所思，夜有所夢」，腦內所顯示的畫面與舊的訊息相關。同樣地，通常你所接收到的訊息，其實很多並非原來

1　大腦的適應機制會自行調節所接收訊息的合理性。當長時間面對同一資訊，反而會引起倦怠反應，例如當你盯著一個字越久就會覺得它變得越陌生。

的樣子，它會跟自己內心預期有關。人的內在預期會影響自己所看到的內容。大腦的先入預設和心理預期會影響到新的訊息，從而使得感知結果傾向於符合自己的習慣和理解體系，否則就會試圖尋找可能的規則和解釋，從現象中獲取某種自洽的訊息，使之成為自己所理解的意義存在，以避免陷入困惑和迷茫，這也是大腦的機能。抽象畫、小說人物情節、鬼神怪物和死後的世界等等與現實不同或根本不存在的事物，我們都可以做到自我腦補，也就是訊息的自我補充。風景後面的歷史意義，歌曲後面的故事，為各種視聽體驗增添飽滿的內涵和共鳴的效應。這是一種共情或移情的效應，基於自我的經驗情感對外在的某種符號進行腦補。例如，聽一首淒美的情歌之前，如果腦內已經有了關於他人或自己的愛情故事和感受，就會感到這首歌直擊心底，更為動情。這些都是預期的心理和訊息在感知一開始就已經在關聯想像，鋪墊並加強對於新訊息自我解釋的合理化。與之相關的，是魔術原理，魔術師恰恰利用了觀眾的預期和腦補，在看似連續的表演動作過程中，利用隱蔽的手法或道具等方式，改變了某一時間點上本應按照預期發展的動作和結果，讓觀眾看見意想不到的現象。前邊的表演看似普通平常的動作，實則是一種心理建設和誤導，只要改變了一處，仍然可以製作出連續且合理的動作系列之假象，而結果卻大為不同。這背後就是觀眾的先入觀和心理預期使然。

　　無論是個人的感知和認知還是思維甚至表達，也是基於轉換

機制和先入觀體系來進行，都有可能是錯誤。人際溝通則是在基於個人的認知，而認知摻雜了腦補的結果，因此，過於自信無助於人際溝通。溝通帶有太多的個人因素，每個人的感知和認知經驗知識所建構的意識思維體系也帶有不確定性。生活中獲得的各種訊息經過儲存整理而成的概念、理念、世界觀等等的先入觀，再經由各種表達能力轉化為交流的訊息，傳遞給他者是單方面意思輸出的過程，而這個過程的起點正是感知和認知。從感知和認知做起，採用柔軟的思維和溝通方式，我們的溝通才不會陷入困境。

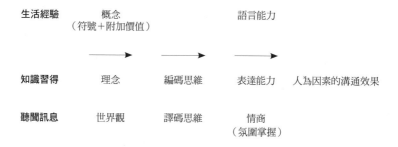

溝通思維表達原理（人為因素）

家庭背景教育

生活經驗	概念 （符號＋附加價值）		語言能力	
	→	→	→	
知識習得	理念	編碼思維	表達能力	人為因素的溝通效果
聽聞訊息	世界觀	譯碼思維	情商 （氛圍掌握）	

圖 1　溝通思維表達原理（人為因素）

第四章

溝通原理

獨處則能自省，溝通可以是自我溝通，但更主要的是社會性溝通，是個人與他者之間的溝通。人是社會性的動物，在社會生活中溝通無處不在。只要存在就有意義，而生活即溝通，現狀即為溝通的結果。人通過思考活動選擇溝通的方式，例如蒐集、獲取和交換資訊及意見，完成觀念的互動，或試圖影響他人，反過來在溝通中也被他人所影響。溝通可以用來表達想法或感覺（同意、喜歡與否等等）；傳遞或獲取知識（敘述事實，詢問，回答，解釋等）；控制場面（命令，請求，拒絕，威脅，調解等）；社交交際（問候，寒暄等）；以及藝術表現（表演，小品，說故事等）等等的功能。

　　既然溝通是生存存在，個人與世界社會的問題，其重要性不言而喻。但對個人而言，社會參與程度與溝通的必要性成正比。個人如果獨居山野，滿足於粗茶淡飯粗布衣衫，也就無需追求他人對於自己外在的好印象，更不用說參與社會活動了。參與社會的程度越高越深入，社會性溝通也就越是必要。而且，社會結構越複雜，溝通的複雜程度也就越高。感知和認知的個人性和特殊

性形成了溝通的複雜和多變，但正如人的感知和認知是有機制的，溝通的元素雖然極其複雜，但也可以被劃分出如圖 2 的幾個要素所構成的模型。在模型中，各個要素不單是溝通的必要成分，而且它們之間相互作用，相互影響，可謂極其重要，每個部分產生的障礙對於溝通的成效，都可能起到決定性的作用。此外，由於溝通參與者的主客體切換的過程既複雜又不可確定，因此整個溝通過程並非簡單的 A 到 B 的一個訊息傳送過程，而是二者之間主客體的不斷轉換和雙方意思不斷交換的動態模式。過程中產生的障礙也是如此，除了參與者的動機、心理和行為之外，各個外在要素之間的障礙也是相互交織，從而使得完美的溝通難以實現。本書後半部分所涉及的跨文化溝通，由於在人際溝通過程中增添了文化領域的各種因素，導致溝通更為複雜，跨越溝通障礙的難度也越來越高。

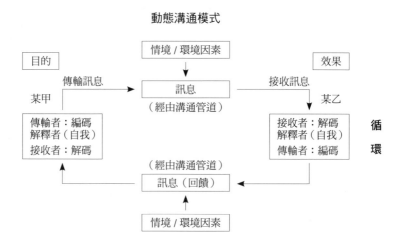

圖 2　人際溝通動態模式圖

溝通的要素及溝通可受影響的因素，基本由傳輸者、接收者、訊息、管道、效果、目的、解碼、處境和回饋組成。每個要素都會影響溝通的效果，效果決定了溝通的成功與否。這個圖只是將複雜的溝通過程簡化為基本要素。簡單而言，就是傳輸訊息者出於某種目的，將訊息編碼後，經由各種不同的溝通管道，將訊息傳送給接收訊息者，接收訊息者再進行解碼譯讀，完成訊息的單向傳輸，此後由接收訊息者作出反饋。但是，傳輸訊息者與接收訊息者可以是多個人，而且角色可以隨時互換，溝通的過程是循環的，而且可以延續過程。下文將詳細地剖析各個要素，從而發現它們可能引起的溝通障礙。

傳輸者和接收者

溝通要看天時地利人和，各種因素都是重要的，缺一不可。外在的條件因素主要是環境和情境以及所利用的溝通管道，雖然是可以選擇的，但時常無法瞬間改變。人的因素則更為複雜，正如前三章所見，每個人的差異性導致了溝通的複雜性和不確定性。溝通在維繫人與人之間關係的過程中扮演非常重要的角色，而在溝通的過程中，訊息傳接互動的雙方如何傳遞與接收訊息，直接關乎到溝通是否能達到目的。傳輸者和接收者在溝通過程

中，透過編碼、譯碼的過程將所要表達的訊息傳遞給對方，是一種由雙方以語言和非語言的方式所創造出來的活動。參與者是溝通進行的主角，雙方在持續溝通的過程中，傳輸訊息者同時也是接收訊息者。人們除了藉由說、寫、手勢、面部表情來傳送訊息，也藉由聽覺、嗅覺、視覺、觸覺等方式接收訊息。

在溝通過程中，溝通的雙方除了扮演傳輸和接收的角色外，雙方經驗的差異也會影響溝通的效果。經驗領域代表著不同的家庭、生活、工作及社團經驗等，兩人因經驗範圍不一致，彼此對訊息的理解不一樣，就很可能會造成溝通上的問題。這在知識和技能方面的差異，與在性別和文化上的差異上也是一樣。男女有別，在生理和心理上對待溝通的方式，甚至評判異性的依據也不同。溝通雙方的文化差異尤其如此，表面上相同的符號對於雙方而言其實有不同的意義，這就使得傳輸和接收訊息無法順利進行。

此外，溝通時個人的狀態，無論是生理的（physiological）、心理的（psychological）狀態都會導致溝通的變化。個人固有的生理差異包含種族、性別、年齡、體型等，都會影響彼此的溝通。生理的狀態，例如身體過於疲勞、本身的聽力等感官能力較弱，即使在他者看來十分清晰的訊息，都在溝通過程中成為不可能完全接收的任務，這就是生理的狀態對溝通所產生的干擾。心理差異包含溝通者的個人特質、自信、價值觀等，心理因素導致的失敗更是在溝通過程中屢見不鮮，例如對於溝通本身的恐懼

感，或者自信感不強等等，都是心理因素所造成的干擾。正如前三章所談到的，人不是大量製造的機器，每個人的感知和認知都是主觀且相異的，個人的差異性正是導致溝通產生障礙的主要原因。

目的與效果

人際溝通是有目的的行為，訊息發出者通常會有意識有目的地通過口頭、書面或其他非語言的行為來溝通。溝通中相當重要的前提條件是人的意願，只有溝通者願意參與互動，才能形成良好的溝通狀態。那就舉平常我們社會生活中常遇到的打招呼作為例子。我們中國人打招呼時，常問對方吃飯了沒，而英國人可能從聊天氣開始。如果一方開口問候或聊天，而另一方拒絕或迴避回應，甚至抬損（我吃飯了沒關你什麼事，天氣哪裡好了等等），那麼雙方的會話就難以繼續。這看起來毫無意義的問候或聊天，其實隱藏了潛意識的目的。通過打招呼或聊天，可以試探溝通能否順利進行，這也為後續的溝通打下良好的基礎。所謂效果，是指訊息在二者之間的傳輸接收最後是否達成有效溝通，即是要表達的意思是否順利被對方所理解。溝通的效果與其目的相符與否，也等於溝通是否達到良好的效果。

溝通情境

人與人溝通所處的情境，將會影響人說什麼、如何說以及說得如何。溝通的情境至少包括六個面向：物理情境（如：物理位置、冷熱、噪音、明暗等）、社會情境（如：地位、年齡、性別等）、心理情境（如：心情、感覺等）、歷史情境（如：過去的事件或之前的溝通）、文化情境（如：生活方式、次文化、各種形式的文化等）以及時間情境（如：季節和時間段等等）。

1. 物理情境

物理情境是指溝通時所處的外在環境：溝通的場所地點、氣溫、氣味、明暗光線、環境噪音、溝通者之間的身體距離、座位安排及溝通時間的長短等等，都可以造成注意力的分散和妨礙接收訊息，從而影響談話的內容、氣氛或意願。例如，公私場合對於批評指責他人是否合適；噪音過大是否適合談話等等的問題。因此，要達到有效的溝通，必須考慮不同的外在環境會否影響溝通的行為及訊息的傳遞等外在因素及其引起的效果。

2. 文化情境

文化情境是指溝通者在社會學習生活過程中所處的與自身文化相關的環境。不同的人，所學到的信念、價值觀、行為與生活規範等習慣性知識經驗也固然不同。每個人都是後天從經驗中學習蘊含於文化中的溝通規則，從而產生自覺得是自然而然的觀念和習慣。一旦轉換到不同的文化情境，必然會與異文化的觀念和

習慣行為產生衝擊和不適應感,導致溝通無法順暢。這一點,在跨文化溝通領域尤其明顯。

3. 社會情境

社會情境指的是溝通雙方的關係,例如:夫妻、親子、師生、朋友和同事等等。不同的社會角色地位會產生溝通上的差異,對於互動之間的訊息定義會有不同的解釋。例如家人之間的關係、上司和下級之間的關係會影響到談話的表達方式。因此,每個社會有自己的傳統的社會情境脈絡,會有不同的溝通方式,打破這種社會習慣和潛在規則,就會破壞自己的人際關係。

4. 心理情境

心理情境指的是溝通時的心情與感覺。溝通者彼此的情緒及精神狀態,都會影響溝通效果。這與溝通的參與者在參與前的狀態相關,也與當時的情境和對手給予自身的感覺相關。是人與環境/情境之間所產生的相互作用的綜合心理意識。糟糕的心情自然對溝通產生不良的干擾效果。

5. 時間情境

時間情境指的是溝通進行的時間,每個人對於時間的感覺和概念會有不同,以及時間對於場景的變化和訊息製作的內容產生影響。例如:上班時間和休息時間對於談話的方式和效果;不同的季節或節日對談話的內容產生影響等等。

6. 歷史情境

歷史情境指的是過往的事件和參與者之間的既有關係。當過

去和既存的事件和關係給雙方帶來延續性的心理效應，參與者會
對之有所顧慮或者依據舊有的印象和想法來揣摩對方的想法和意
圖，從而給正常的溝通帶來影響。

溝通管道

溝通管道是指由訊息源選擇和確立的傳送訊息的媒介物，即
傳輸訊息者傳遞訊息以及接收者獲得訊息的途徑。它是訊息傳送
的必要媒介，是訊息來源與接收者彼此互通的橋樑，包括口頭文
字和非語言等方式。在溝通過程中，通常是經由一個以上的管道
來進行的。溝通管道的分類繁多，可以分為語言文字和非語言的
類型，也可以分為個人溝通管道和非個人溝通管道。通過個人溝
通管道，兩人或更多人可以面對面、通過口頭對話、身體語言、
文字、電話、郵件甚至一些 APP 軟件平台直接互相交流。非個
人溝通管道則包括公共媒體廣告、平台網站和活動。例如，報刊
媒體、廣播媒體、展示媒體和平台以及有目的的公共活動安排等
等管道。

溝通訊息

　　溝通過程中參與者所傳達的內容就是所謂的溝通訊息。訊息交流過程極為複雜，傳輸者必須先將想要傳達的內容和意義轉化成為訊息，可以稱之為編碼。而接收者將接收到的訊息分析轉化成自己可以理解的意思的行為過程，可稱之為譯碼。譯碼也會因接收者對訊息的理解和解讀能力而有不同程度的差異。意義和意圖轉化成為語言文字和其他符號，這不僅關乎傳輸者的表達能力，而且關係到符號本身及其所蘊涵的意義。符號對於接收者而言，如果對符號背後的含義有所誤解或是根本無法理解符號，那麼即使是對於傳輸者而言顯而易見的符號，對於接收者來說卻可能是另一種意思的解讀。特別是有明顯文化差異的雙方，更是難上加難。文化差異中最直接的原因可能是語言的障礙，無法正確理解不同語言的表達含義，溝通就不可能順利進行。

　　在溝通過程中，由於傳輸者和接收者的角色隨時會調換，而且溝通是一個連續的過程，訊息並非是單向傳遞的，而是循環或連環反應的一種形式進行，所以訊息有傳輸也有回饋。回饋是對傳遞而來的訊息的反應，接收者本身也存在溝通的意圖和要表達的意思，反饋的訊息可以讓傳輸者知道其所傳送的訊息是否被接收、被了解或者被誤解、甚至是拒絕溝通。訊息的回饋與傳送的方式同樣可以是語言的，也可以是非語言的，可見過程單向的傳輸接收一樣相當複雜。

　　以上的部分通過溝通的原理圖的說明和分析溝通的要素，簡要地討論了溝通作為一種主體意識的轉換，包括表達和解讀的過程，我們可以解構溝通的互動，並認識到溝通是一個相當複雜的社會行為。溝通傳遞的是訊息，卻涉及到符號和解讀的問題。比起表達意圖和傳輸訊息，作為被動的接收方的難度更高。我們傳遞的不是要表達的事物或觀點本身，其實是一堆概念，而我們往往自以為那些傳遞出的概念和符號是共通的和可以被完全解讀的。訊息是通過符號來傳遞，而在認知符號過程中，往往不可避免地用自己的意識經驗體系來接收和解釋對方的訊息，以解讀符號背後的含義。在不了解對方的真實意圖下，誤讀和過度解讀是不可避免的。對於每一個詞，每一個概念，每一種現象，不同的接收者都會有不同的反應和解讀方式。時代不同，背景不同，同樣的符號也會有不同的含義，也都會導致接收方不可能真正理解傳輸者的本意。這就算是在閱讀不同時代的古文時也很常見。擁有不同文化背景的溝通參與者，固然明顯感受到強烈的文化差異和文化衝擊而產生溝通障礙，但即使在相同文化背景下，人際溝通也一樣會產生問題。溝通過程中的每一個要素都會影響到溝通的順利進行，但個人的認知獨特性和差異性卻早已決定了溝通是無法完美進行的。

　　人際溝通是二者間為某種目的而進行的交流，包括日常人際關係的建立，意見或思想的交換，是以達到效果和目的為判斷標準。從根本上而言，如果溝通的目的和效果無法相對等，那麼它就不是一個良好有效的溝通。

溝通原理

溝通存在著目的，無論是潛意識或下意識或有意識的。在目的的驅使下，溝通就自然而然地發生了。比起動物一般具有的兩階意向（我想和你知道），人一般具有五階意向，即「我想」（直接慾望）、「你知道」（揣測）、「我想要」（高層慾望）、「你想想」（說服）和「我的意思是」（自我解釋）。意向如何表達和傳遞並被對方接收和理解，是溝通的主要內容。

簡單來說，溝通中意思的交換，包括了傳輸者想表達的意思，講出或表達出的形式和內容，對方聽到或接收的訊息，對方認為他聽到或接收到的內容，對方進一步解讀內容背後的含義，最後理解成為所解讀出的動機和意義。

傳輸者想表達的意思，簡單說可以是 5W1H（When, Where, What, Who, Why and How，時間、地點、事件、人物、原因和方式）。想法和要表達的意思是否清晰，或傳輸者自己是否清楚意識到自己的目的和觀點，對於表達的效果都有影響。溝通中應根據目的和對象採取有效的表達方式，尤其當溝通對象存在數量和種類上的多樣化時，應保證與多數對象的溝通目的效果和內容質量這兩方面的平衡，而這在現實的溝通過程中其實是很難把握得好的。

傳輸者表達出來的訊息，也就是說，把所想的東西用各種方式和符號轉換並呈現出來，是溝通的必要開端。表達在於傳遞，

在於讓對方能夠接收到所要表達的意思，而這需要表達技巧。人的表達方式可以是口頭語言、文字、面部表情、肢體形態，也可以藉助外物來輔助表達。表達的渠道和形式各種各樣，包括口頭講話、書面文章、社交軟件、電子郵件、簡報、音樂、跳舞等等。面對面的口頭語言表達是最直接的表達方式，這是因為反饋可以更直接和快速地進行。如何將自己的意思和意圖轉化成一種可被接收和接受的符號，通常被稱為情商的體現，而讀懂現場氣氛，讀懂對方的感受和情緒，更是一門高深的學問。有的人很直接，有的人會繞圈子、由寒暄開始，很多時候，表達出的符號的結構組合會直接影響到接收者的心情。「回來吃飯嗎？」和「回不回來吃飯？」看起來是一樣的話，其實卻是完全不同的表達方式。是否有情商，是否將話說得讓人舒服地接受，就已經是溝通的良好基礎和開端。

接收者接收到的，以及接收者認為他 / 她接收到的：也就是接收者獲得對方所表達並傳送的資訊。通過蒐集這些資訊，並按照自己的先入觀進行理解、分析。在這過程中，外在因素如環境的噪音也都會影響到訊息傳遞過程的遺漏和扭曲。在接收過程中，接收者可能會遺漏、過濾訊息，或者選擇性地收集資訊，簡單來說，就是訊息會產生折扣。但更重要的是，接收者個人的經驗知識會對訊息進行可理解的轉換，使之成為符合他 / 她的自洽體系的認知以及腦補的結果，也就是說，要依賴其當時的狀態和各種經驗知識和能力。尤其是對接收到的各種符號和概念的理解

和認知，因人而異。

接收者所理解對方的意思和意圖，指的是接收者會進一步將接收到的訊息（雖然已經是有折扣和偏差的）再分析和延伸思考，最終得出結論，傳輸者編碼出來的訊息背後隱藏的意思是什麼。

在分析得出結論之後，接收者會進行反應和反饋。有了理解和結論，接著是整個程序反過來，形成一個互動循環的溝通過程。也就是說，意見被編碼成訊息，對方接收到訊息並把所理解的變成一種表達，如此循環進行。

傾聽

訊息的接收與解讀，需要接收訊息者的配合，從而接近訊息所蘊含的本意。因此，傾聽是對於訊息準確理解的前提，是對溝通意願的承諾和對對方尊重的表現，是建立和保持溝通關係的基礎。接收訊息者作為溝通的受體，如果一開頭就對溝通抱有不良情緒和動機，就無法真正理解體會對方的意思，訊息也就會被這種情緒所影響和扭曲。無論是警惕猜測、心不在焉、排斥過濾、先入為主、好為人師、急於否定和發言，還是息事寧人急於脫身，都是自我中心的表現。雖然每個人都是主觀的，而且或多或

少會自我中心，但如果能抱有同理心和包容開放的態度，至少可以在心理上拉近與傳輸者之間的距離，並花時間耐心地進一步了解對方的情緒和立場。根據對方的具體情況，仔細地收集關於溝通對手發出的訊息，無論是重複複述對方的話，還是在溝通過程中清晰表達自己來反饋，都是良好的傾聽途徑。在傾聽中，一定程度的容忍甚至善意的附和是必要的。只有認真地聽完對方的意見，包容對方的觀點甚至錯誤，不急於選擇性傾聽和下判斷作評價，並共情地考慮對方的出發點和立場以及文化背景，尋找共同點，才能營造良好的溝通氣氛。

　　其實很多時候，溝通不順利，很重要的原因就是傾聽的問題。如果一開頭就拒絕或選擇性地去解碼對方的訊息，那麼對方的訊息就不可能完成解碼傳遞訊息的效果。急於發表意見並不是溝通的好方法。一個好的溝通者必然是個好的傾聽者。可能你根本沒說過一句話，但是對方會覺得兩者已經溝通得很好了。特別是服務業最重要的就是傾聽傾訴。但是，僅僅是聽，不算是真正的傾聽。一言不發，就像電話那頭沒反應或是訊息已讀不回，會讓對方覺得你根本不在聽，因此，基本的適當回應是必要的。但是太明顯的敷衍性回答就是會讓對方失去溝通的意欲。（當然，如果你不想溝通而又不想破壞關係，這也是個辦法，可以敷衍一下，而且是完全沒有情感的敷衍。）重要的是，根據對方的語境來做出相應的反應，對方如果是講一些傷感的事，那麼就不要太興奮的反應。

　　但這不是在說一定要奉承拍馬屁或屈辱感太強地去應付。而是記住，要讓溝通持續，並保持良好的人際關係，是需要寬容和耐心的。適時也給予回應，例如點頭等表情動作。對方講不下去時，要用引導性的語言來繼續或幫忙接話，例如「後來呢」之類的詞來讓溝通持續進行。就像說相聲，有逗哏還要有捧哏。如果可以，最後再幫他歸納好，確認對方的話，讓對方確定你在聽，對你的好感自然大增，感覺找到共同感，如同知音。讓對方感到舒服開心，你也會開心。這就是良好溝通與人際關係的效果。所以要在自我中心和無知二者之間找到平衡點。學會傾聽，就可以學會和所有人溝通的能力。傾聽是建立良性對話的基本，有良好的傾聽態度和能力，就能真正達到「通」的效果。

有效人際溝通的特質

　　人與人之間的行為通常是為人的社會性慾望所驅使，因為人從根本上是社會性的，一出生就不得不為生存而參與他人的共同生活，要麼與他人融洽相處，要麼被孤立、疏離、排斥、忽視。人有情感的人際需求，有在感情上與他人建立維持良好關係的慾望。有喜愛、親密、同情、友善、熱心的正面感情表達和需求，也有憎恨、厭惡、冷淡和敵對的負面情感。在社會結構中的社會

分工和領導體制不可避免地導致了社會權力和利益關係的存在，權力、權威的控制支配領導，與抗拒權威、忽視秩序、追隨他人、受人支配之間，是社會不平等的必然結果。實際上，我們絕大多數的煩惱都來自於社會關係的處理問題。

因此，保持良好的人際關係是人際溝通的潛在目的。人際溝通要達到好的效果，需要雙方配合和良好互動。雙方首先需要保持溝通意願的開放性，樂意向對方開放自己，不封閉自我，讓對方認識自己，在溝通過程中避免過度防衛性的心態和情緒（例如警覺、懷疑、先入為主的反感等）。在跨文化溝通中尤為明顯，不了解對方習俗而否定之，導致雙方難以溝通，自然也難以實現溝通的開放性。同時，還需要具備溝通的積極性，創造友好愉快的溝通氣氛，促進溝通的順利進行，相反，消極的態度則無法激起雙方深入溝通的意願。保持對話雙方的平等感也相當重要，不平等感會激發逆反心理和反感，從而拒絕受辱性溝通，在受咄咄逼人或讓人壓抑的氣氛中是無法構成有效溝通的。此外，還需要雙方對溝通本身的互相支持和包容，共同將溝通朝良好有效的方向推進。對溝通雙方而言，雙方都是主觀的個體，要真正理解對方訊息的原意和意圖是非常困難的。因此，還必須具有同理心，對對方的情感和訴求要有共情的態度，盡量做到感同身受，那麼訊息背後蘊藏的情緒和動機才會被理解。

拒絕溝通

溝通是複雜的，也是不完美的。盡可能地跨越溝通的障礙，使得雙方意思的交換和互動可以順利進行，固然是好的。但問題是，良好的溝通是建立在雙方善意基礎上的願望和行為。如果溝通參與者中有一方本身完全拒絕溝通，或者目的邪惡，甚至利用溝通企圖傷害對方的話，那又另當別論。溝通是要付出成本的，如果只是滿腔熱情，一心只想跨越障礙去擁抱對方，那這種行為只是一廂情願。甚至，把自己的善意強加於人，本身也是有問題的。對於成本過高、後果過糟的溝通，其實真的不必執著於溝通本身，不必把自己的面子形象和善意置於更糟糕的後果之上，放棄或拒絕溝通，也未必不是一種好的溝通態度。既然不想或拒絕溝通，就無所謂注重形象問題。

因此，溝通的前提是雙方必須要有溝通的良好意願和基礎，反而強行溝通（例如與鍵盤俠或者槓精之類的陰暗心態者之間的溝通）是有害的。溝通參與者之間的友善、信任、安心、認同、開放心態都是構成良性溝通的條件。只要有一方從根本上就拒絕接受他人想法意見（例如，「我要我覺得」之類排斥他人意見的霸道態度）時，終止溝通反而是保護自己的更好選擇。

不要去叫醒裝睡的人。我們都是通過先入觀這塊薄紗去認知世界，世界如何展現在你眼前，是因為你眼前的面紗是怎樣的。小人看世界，必然是一個小人心態的世界，這就是所謂的「以小

人之心度君子之腹」。在生活中請躲避小人吧，因為他們的世界都是邪惡的映像。無論你是如何的人，一進入他的世界就不可避免成為他認為邪惡的一部分。良好的溝通應該是善意的溝通。

溝通障礙

　　溝通障礙是指任何阻礙溝通參與者意思交換的因素，導致訊息無法正常傳遞，或者是內容被扭曲，而造成溝通無法達到目的和良好的效果，或是造成非預期的結果。之前所展示的幾大要素（溝通參與者、訊息、環境／情境、目的／動機、溝通管道等），都有可能存在導致溝通障礙的因素。這裡面有環境因素和管道選擇不當，以及雙方當時的各種生理心理狀態等錯綜複雜的因素，尤其是人的因素更為複雜：包括過度自尊、過濾資訊、選擇性知覺、發送的資訊超載和雙方資訊不對等、情緒、語言、態度、溝通焦慮、性別差異及表達能力和方式等等。

　　溝通，尤其是人際溝通，從某個有目的的意思表達與呈現開始，到轉換後訊息的傳遞，再到訊息的接收和理解，最後反饋回來，形成一個持續互動的過程。其中涉及到的影響溝通的因素極為繁多且相互關聯，而每個節點的問題都有可能對溝通造成致命的破壞。在這個複雜的過程中，訊息在參與者之間不斷轉換，不

斷產生折扣和扭曲，要將一個意思準確無誤地傳輸並被接收，是極其困難的。因此，百分百完美的溝通可以說是不存在的。人的認知本身是對世界原樣的扭曲轉化，個人的認知差異也注定了對訊息和符號的理解差異。高爾吉亞主張的「即使認知證明也無法表達」的觀點中所蘊含的表達溝壑，也正是溝通不可能完美的一種表現。

第五章

符號與溝通

符號

　　意思和意圖通過訊息來傳遞，而訊息的內涵必須要通過某種可被感知和認知的形式來表達出來，而這些外在的形式一般稱之為符號。人際溝通在表達形式上，大體可以分為語言溝通和非語言溝通，這兩種溝通形式都牽涉到符號的運用上。

　　符號，是可被感知和認知的，語言和非語言的訊息都可以用符號來呈現和表達。文字、聲符、圖像，乃至某種文化遺跡之整體，都表現在可以感知和認知的事物中，但傳輸是靠轉化後的抽象符號得以完成。因此圖像、圖形、聲音以及各種特定符號結合，構成日常生活和人們進行精神溝通的主要方式。訊息的複製、保存、發送傳輸都是依賴於簡化後的共通符號。在溝通中，符號直接關係到編碼和解碼的兩個重要溝通步驟。訊息的製碼、編碼和解碼，音訊與符碼的轉化都關係到溝通者對符號的認知理解能力，而參與者對符碼的附加價值與意義與引起的聯想，都會導致各自解讀的差異。

　　所有的感官感知都是由遍布身體的神經和大腦共同作用的結果，而不單單是感官器官本身。視覺與聽覺是感官的重要功能，在溝通中具有重大作用，尤其是對於符號的認知。視覺不但是物體投射於視網膜的問題，而且關係到快速的神經傳送和大腦的意識反應。我們每次的觀看其實都是一種判斷。判斷其實並非一定需要深思熟慮的理性思考結果。視覺判斷與觀看的動作同時發生，而且是觀看活動不可或缺的一部分。在生理感知中，人的視覺感知最為強大，是人類演化出的獨特感知能力。視覺對人類的進化起過重要作用，它比其他感知更高效[1]，而且視覺的訊息量更高，在人類的文化生活及其形成過程具有特殊和重要的作用。眼睛是大腦的延伸，外界刺激轉化成電化學脈衝的形式，由神經系統進入大腦。從而被大腦翻譯成意義，以便立刻引起反應，或者儲存成可參照的依據和信息源。大腦不僅從外界的符號中提取訊息，同時在大腦儲存的訊息庫中也提取相應或關聯的訊息，進行結合分析。分析之後的意義才是重要的，而非符號本身。符號和概念是用來代表社會情境和物理情境的各個部分。正所謂，「無名萬物之始，有名萬物之母」。命名是任意的，卻固定下來並已成為社會教育和共識的基礎。

1　眼睛接收訊息的能力比耳朵高出 30 倍；聲音的傳播速度每秒 331 米，而光速每秒 30 萬公里；在所有感官中，眼睛的作用佔大約 80%。

概念與符號

三個點可以構成三角形，也可能是任何幾何圖形中的三個點。我們下意識地把三個點連成一個三角形，是由於我們最自然的反應是以大腦中最常見的記憶和自洽體系的理解為依據。我們的認知是切割世界從而建構體系的結果，而所建構的認知自洽體系是由一堆的概念組成。概念是抽象的，通過命名來區分，從而可以簡化分類來儲存，但必須依賴經驗中實物來輔助構成。換而言之，概念是為了在細微區分的基礎上統一認知。概念在於區分，以形成認知的體系，作為確認的依據。每個人對每個概念都加以基於個人經驗的內容進行填充，從而形成多樣性。

然而，概念的名稱通常表現為一種符號，是我們在生活中習得的共通知識，雖然大家都認得這些符號，但是對於不同人，其內容和範疇都有可能不同，從而造成溝通的主要障礙。概念與符號在溝通中產生的問題，就是個人理解感受的差異性，人的感知和認知體系中形成的先入觀，通常被簡化為許許多多的符號，符號是與之相關的意義和概念及其關聯經驗的濃縮表現。一旦感知（通常是看到和聽到）到符號，就會下意識地快速聯想並整合相關資訊。我們對於他者表達的符號，總是用代入法去理解的，也就是說，表面是 A=A，但其實是對於符號 A 所產生的意義 A1 與 A2 之間對等的企圖。這也導致符號在溝通雙方看來代表了不同的意義和經驗知識，從而導致溝通中訊息的不對等和折扣。

也就是說，溝通雙方對於符號與概念組合後的意義之理解，因各自先入觀的差異而發生問題。儲存在意識中自洽的認知體系是有路徑依賴的傾向，這個體系是由概念構成的，而概念則是由符號和附加價值意義的綜合體所產生，而且以實際經驗作為參照。既然每個人的先入觀及經驗各異，那麼符號以及其背後蘊含的內涵對於每個人都有差異，尤其是對文化不同的雙方而言。概念名稱相同，內涵經驗卻各異；符號可以是一樣的，但是附加意義價值因人而異，也可以因文化而異。這個價值可以是團體性的文化價值，來自共同體的價值共識，也可以是個人的，來自個人的背景，教育知識習得，個人的經驗等等組成的感知思維的綜合體。價值觀包括了生存需求、規避禁忌、重要性次序和行為動機以及來自他人和自己的自我評價。每個概念都是由無數個概念所支撐的，相互關聯，按習慣和關聯性做出聯想和反應。味道、影像、聲音等等皆是如此，我們會因味道等的感知而立即聯想經驗。就像在字典或維基百科中查詢某個字詞的意義時，我們會發現該字詞會有其他無數的鏈接，每個字詞都得由其他的概念來說明，於是衍生出無窮無盡的概念來。同一個概念包含了或同義、或近義、或對比、或相反等等的相關訊息。人們會發現一條無盡的能指鏈，而意義就在能指和能指之間的不斷滑行中，透過差異運動產生出來。這就是為什麼德希達把這個能指瘋狂的、無止境的指涉運動稱為「延異」（Différance）。意義彷彿是隨機般地不斷變化，而符號起到了表象靜止的作用。就像赫拉克利特所說的

「人不可能兩次踏進同一條河流」，河流是概念所呈現的符號而因此是固定的，所以稱之為「同一條河流」，但內涵卻不一樣。因此，表面上同樣的概念，實際的內涵對個人和不同文化而言都不一樣。每個人對每個符號的反應也一定不一樣。

符號—概念—經驗，三者一體且相互關聯。我們常常以為我們傳遞的是實際的事物，但其實符號傳遞的首先是概念。符號刺激記憶中的概念，從聯想經驗記憶而得出實物感。這就給對概念的經驗內涵外延有不同理解的雙方造成了溝通的障礙。傳輸者先有想法，再用對應的符號表達概念，從而組合成使之有意義。受訊者接收符號，再轉換成可理解的概念及其經驗知識。

無論語言文字，還是其他外界各種通過感官對於意識的刺激等都是符號。符號是媒介，可以簡化複雜龐大的概念和訊息，方便認知，辨別分類和記憶。我們通過符號激發對關聯概念的鏈接，產生心像，從而達到事物的相關思考和理解。符號幫助我們建構更深廣的思考，還可通過組合，表達更為複雜的含義和得到更深刻的結果。符號連接概念，而概念又相互連接，形成瘋狂的能指，因此要產生唯一的意義和關聯幾乎不可能。某個符號可以用來表達任何意思，只有團體的共識才能確立符號的表象共通性。然而每個人的經驗知識是有限且各異的，因此能指對每個人都是不同的。但在溝通中，我們往往選擇性地用經驗代入法來理解符號，因而產生了主觀的判斷。符號作為媒介幫助思考，然而很多時候又限制了思考。

第六章

語言溝通

語言符號和溝通

　　語言在本質上是一種符號。語言與言語不同，就像索緒爾把語言比作樂章，把言語比作演奏，把語言和言語的關係比喻為樂章和演奏的關係。語言是一種特殊且固定的公用符號體系，而言語是個人運用規定的語言體系所表達出來的結果，故具有個人風格和多樣化。言語要服從語言，否則令人費解，造成溝通困難；言語也制約和約束語言，例如根據言語的個人特點使用語言的某種部分和形式。言語通過語言表達，而言語和語言只有在該當下的時空意境和上下文中，才有其特殊和契合的意義。語言溝通可以看成是一種嘗試，通過符號傳遞意思並想從他人誘導出意義，目的是要在他人心中建立一個與溝通者相似的心智經驗。用情感性敘述來交談的人，試圖誘導出對方類似的情感和態度；用科學性描述來交談的人，則希望在對方誘導出一種自認為是正確和實際的映像。這些意圖只有當溝通者雙方通過符號共享，並且擁有某種共同的經驗時，才能達成。符號影響人的認知，而人所認

知的事物也可能反過來影響符號的形式。語言作為符號，是人類對世界萬物和經驗進行抽象化加工的結果。符號也在人類之中，塑造他們的認知和思維，從而創造了意義的世界。語言的本質是表達，而且是如何清晰又有邏輯地表達意思，而這個意思已存於心中，只不過是運用符號表達出來。但符號會影響人的思維，因為你的語言已經滲透到你的思維習慣。語言，和血緣、國籍等一樣，同時也是身份認同的基礎。亞里斯多德說過，「文字是語言的符號，語言是思想的符號」。其實，語言不僅是思想的符號，還是情感的符號。尤其是母語，在成長中通過學習，對其附加了個人所有可能被激發的情感。

語言，是一種表達觀念的符號，是有聲音的符號，並可以轉化為文字，具有發出聲音和作出記號來代表事物和感情的官能和能力。人可以接收、儲存並發出符號，這使得人類通過溝通凝聚成穩固的團體，最終成為食物鏈的頂端。正如索緒爾所提出的，語言的作用在於區分。我們就是用語言、用一個一個的詞來命名和劃分這個世界，並區分個體事物。語言以符號來限定對象範疇和意義，通過符號的連接組合產生特定的意義和目的用以表達。無論是口頭和書面語言，都使溝通透過一種後天習得的語言系統來分配及傳達概念，希望可以建立共同的理解。這個過程需要大量的人際關係與人際交往、聆聽、觀察、閱讀、談話、提問、分析、動作等能力，並且需要有能力評估是否可以彼此合作。我們在生活中的交流，很多時候都通過語言來直接進行。猿猴梳毛是

社交，按摩激發內啡肽；而人通過語言社交來交換訊息，從而達到滿足。願意聊天，即使是無關痛癢的閒聊，本身是釋放善意和拉近關係的一種表現。通常我們閒聊的內容大部分是關於他人的八卦和評論，這種八卦性質的社交溝通，其實對生存是非常有必要的，它可以起到安撫情緒以及獲取不在場者訊息的必要手段的作用。這是因為訊息本身是取得安全感的一種重要手段和依據，通過訊息可以預知和預判外界事件的發展，越大的群體就越需要訊息的交流。

　　語言是一個體系，除了單詞外，還會受到規則的支配。由於一個詞常常含有多個意義，單詞和語句只有在上下文中才能呈現特定的意義。在語言體系中，有語音規則（語言中會使用的發音）、句法規則（詞的拼寫以及詞在句子中的位置順序）、語義規則（單詞的具體含義）及語用規則（聯繫結合上下文而得到的含義）。字詞的含義可能是字面的，或稱為外延意義，是和討論主題有關的，也有可能其含義需要考慮上下文以及溝通者之間的關係，稱為是內涵意義，和溝通者的感受、歷史以及其彼此的權力動態有關。不是所有的語言都有文字，我們常說的廣義的語言，不僅可以指口頭表達的狹義語言，而且可以指可轉換成文字的語言。口頭語言，來自人類早期社會的溝通需求，從簡單的單音發音到形成複雜的句子表意，是人類文明演化的產物。越是複雜的社會形態，就越需要大量的單詞來細化區分社會現象表達物質和精神需求。語言的複雜化和文體的多樣化體現了文化豐富的

內涵。文字系統產生於語音語言之後，為語言的體系化和正式化奠定基礎。口頭語言是嘴巴到耳朵的體系，而使用文字是手和眼睛的認知過程。無論是聲符還是字符，皆為符號，都可以轉換成意義。

文字從象形文字開始，所有的人類早期文字都是象形文字，用圖形的形式來表意。雖然都是象形文字，但書寫方式各自不同，即符號化各異。古埃及象形文字因為採用當時盛產於尼羅河三角洲的紙莎草的莖製成的莎草紙，因此可以用畫畫的形式盡可能全面地表現事物，而中國古代的甲骨文使用龜殼和動物骨頭來刻寫，只能用抽象而簡略的筆劃來表意。隨著交流的需要，人們擁有不同複雜書寫形式的象形文字後，必須放棄原有的文字，採用表音的符號來記錄，這使得交流更加便利。從迦南字母到腓尼基字母再到希臘字母和後來的拉丁字母，現在除了中國之外，大部分地區都是在使用表音文字。書寫的載體也從石頭、泥塊、骨頭、竹簡、布、紙張演化到電子器具。文字作為一種方便識別的符號，除了記錄，更可以上升到文學藝術層面的表達。

語言的符號特徵可以表現為以下幾個方面：

1. 語言通過共通符號及其附加意義傳遞訊息，其中符號包含了各種各樣的概念，同樣地，概念在名稱和基本抽象意義上也必須是共通和達成共識的。

2. 符號的刺激產生聯想，符號激發與之相關的概念名稱，再產生個人的經驗聯想。

3. 符號的附加意義因人而異，產生心理作用，個人根據自洽體系來理解符號的意義，從而產生心理反應。

換而言之，語言文字的本質是符號，無論是聲符還是字元，都可以刺激記憶中的概念。記憶是思想通過符號作為媒介來暫時儲存的結果，即，符號輔助記憶。符號激發聯想，與符號相關的一切儲存的訊息，按照最常被刺激的順序來反應。而且不僅是語言文字，外界的刺激都以符號聯想的形式與個人的經驗儲備相連接。

語言對於各領域有不同的意義，例如數學語言、文學語言、哲學語言、日常口語以及各種專有名詞，包括了各種各樣的領域及其分支流派的特殊含義。語言學家研究語言結構體系和表達上的描述，包括語音學、語義學及造句法，即發音、意義和語法。心理學家著重於探討如何獲得能力及語言的發展階段中人本身的心理作用。溝通學者主要探討語言的功能、語言特性以及語意如何在溝通上發生作用，如互動和影響等。

語言有指示指向、描述評判、指導反應和思考的作用，不僅可以描述所見，而且能進行解釋並表達意見和情感。面對面的語言溝通更是可以直接接收訊息，對於溝通消息、表達感情和指導行動都能起到迅速的作用，而且可以更快地進行反饋。此外，適當地利用諧音、歧義、不同邏輯、斷語或特殊內容等語言的變化，即使是冷笑話，還能達到放鬆氣氛和幽默的作用。

因此，語言／文溝通是指以語詞符號為載體實現的溝通，包

括口頭、書面、電子等形式。在表達的直接性和意義的豐富性上具有其優越性，是人們社會生活中常用和便利的溝通方式。它通過組織共通的符號，來發出和接收符號以及符號所承載的意義。存在語音、語法、句法、語義、語用等方面的規則，能夠起到訊息共享、人際交流、教化、傳遞能量、幫助思考等等的功能。它是一種商定共同承認和可教授習得的，受規則支配，用於共享意義的符號系統，通過組合形成具體情境下的意義。語言本身的語音規則、句法規則、語義規則、語用規則都是演化設定的結果，並非只是表意上的區別，還有口頭和書面的複雜區分。更有男女用語，階級用語和年齡用語等不同的用法。這些都是社會共通和共享的，存在其固有的社會公認的規則和準則。

語言溝通障礙

溝通中任何一種要素都對人產生作用，而語言是一種直接表意的訊息傳遞媒介，它不但關乎訊息本身而且關乎參與者的因素，由此引起不同人的不同表達、理解、反應和解讀都是溝通障礙的原因。

語言溝通的規則看似隨機，無規則可循，但事實上是依循社會認可的規則來進行的，如果參與語言溝通者均依循此一規則，

溝通按道理應可順利進行。然而,語言和文字有其外延意義,字詞雖然有著直接定義,但大部分的文字均具有一個以上的定義。內涵意義包括著個人和群體所擁有的伴隨字彙而來的個體感覺或評價。同樣的符號,中文的龍和狗與英文的 Dragon 和 Dog,都在不同文化中有不同的褒貶之印象。至於個人就更不用說了,因人而異的經驗知識決定了對符號的解讀結果。語言是抽象的,而指代是具體的。例如,只見過紅色蘋果和只見過青蘋果的不同人,面對「蘋果」一詞的理解自然不同。「蘋果」是一個概念,與所指的蘋果的實體物質不同。蘋果本身是個人主觀認知的結果,而「蘋果」的語言文字符號是這個概念與具體物體之間的連接。

個人對語言、字詞等的認識和理解會產生個人標籤化,從而導致內涵取向的差異。這種標籤化甚至會被認為是比實際的對象或實物更重要,使得知識標準大於實際體驗,就像「鄭人買履」這個寓言所暗示的。語言文字的固有意義並不重要,其實際應用中在經驗裡才體現語言的意義,才能發現語言的意義。語言真正的重要性,不在於字詞中,而是在於情境。這是因為,語言離不開人作為主體的判斷,而產生判斷的實際的個人經驗具有不確定性。溝通中很常見的問題就是對於名詞的理解會不一致。特別是不同領域,對於同一個名詞也有很多想法、理解、認知的差異,所以在溝通這些東西的時候,最好確認彼此對於名詞的理解是否相對接近。

　　語言對動態事實的描述只能是暫時的。也就是說，描述的事物和事情會發生變化。我們讀取是以概念為基礎的訊息，這種概念化的印象會給我們造成錯覺，以為它是永恆不變的。但永恆不變的只是概念本身，不是具體對象。

　　語言本身還存在著系統內的邏輯問題和局限性，悖論就是其中一種，例如說謊者悖論[1]和羅素的「理髮師悖論[2]」。而且，我們常說某種心情「難以言表」，因此一些思緒，尤其是抽象的概念，有時候很難用語言文字來表達。語言是有限的，而所要表述的對象是無限的，因此我們常有詞窮的感受。語言不是萬能的表達方式，很多時候要通過類似非語言的方式來代替或輔助進行。

　　每個人的語言能力也存在差異，而且，如何運用語言在不同情境下溝通也是個問題。語言能力是指個人在語言的運用上所能發揮的最高程度，而溝通能力則是指溝通者能否設身處地，考慮對方的情境及特性，做出適當的表達，讓傳遞的訊息容易為對方

1　在哲學和邏輯學中，古典的說謊者悖論是指一個說謊者聲稱自己正在說謊：例如一個人聲稱：「我正在說謊」或者「我所說的皆為假」。如果他確實在說謊，那麼他所說的就是真的，但如果他所說的就是真的，那麼他就是在說謊；如果他不在說謊，則他說的話為假，但如果他不在說謊，則他說的話就是真的。如果「這個語句為假」為真，那麼這個語句為假，但是如果這個語句聲稱它為假，且它為假，那麼它一定為真，如此一來悖論於焉成形。

2　小城裡的理髮師放出豪言：他要為城裡人刮鬍子，而且一定只要為城裡所有「不為自己刮鬍子的人」刮鬍子。但問題是：理髮師該為自己刮鬍子嗎？如果他為自己刮鬍子，那麼按照他的豪言「只為城裡所有不為自己刮鬍子的人刮鬍子」，他不應該為自己刮鬍子；但如果他不為自己刮鬍子，同樣按照他的豪言「一定要為城裡所有不為自己刮鬍子的人刮鬍子」，他又應該為自己刮鬍子。

了解或接納。因此，溝通能力不僅具有語言能力就能充分展現的，還包含著個人對於溝通本身所持有的各種心態和應變能力。例如，語言表達常會因溝通雙方的權力關係而有所影響（如：稱謂），根據不同對象採用相應的表達也是一種技巧和能力。

因此，語言溝通是直接用符號傳遞訊息的一種方式，它依靠獨特且固定的語言體系，希望能在此體系下通過規定的語義結構來傳遞意思。語言體系也存在著各種各樣的障礙。首先是語義障礙，無法認知語言的意思，例如外國語、方言俚語[1]。一詞多義、同音多字以及語言字詞的各種歧義也會阻礙溝通。因此，上下文和具體情境都可能改變詞句的意思，要理解對方訊息的真正含義，需要參考相應的情境。對於使用不同語言的溝通者來說，翻譯是轉換符號的重要手段，但符號的轉換牽涉到不同文化背景和意義的轉換，經歷過多環節的訊息，不可避免會產生扭曲原意的不良效果。而且，有些詞語在特定的文化內有特定的意義，甚至無法用另一種語言的詞彙來解釋，例如「江湖」和「跑碼頭」等等的具有特殊文化內涵的名詞。語言在不同社會文化中還存在禁忌，因此還要避免使用引起不快的詞語和說法。語言溝通的障礙還有參與者自身對語言的掌握能力和使用能力的問題，例如錯別字和用詞不當等。語言溝通過程中，一定會有資訊因為外在因素或是人為因素而遺漏或遺失，像是不專心、無法理解意思、用詞

1　方言本身是一種地域性的符號，不僅是一種群體內部特殊的習慣表達，而且還起到識別外人、保護團體的作用。

不準確、用詞理解落差、缺乏背景資訊等等。所以不僅是聽者要集中精神收集與訊息相關的所有資訊，講的人也要注意聽者的反應，是否有疑惑，或者不解的表情，適時的中斷詢問並解釋，最後還要記得回到原本的溝通主題和目的來。在語言表達上，我們常說某個人說話像刀子一樣傷人，這就是語言使用者的所謂情商的問題。情商，簡單來說，就是「己所不欲，勿施於人」。我們雖然無法百分百理解他人，但是可以以同理心站在對方的立場上換位思考，採用柔軟開放的表達方式，無論直接還是繞彎委婉，都需要考慮到具體情境和對方的實際情況。有時候給別人以善意和面子，也倒未必不是良好的語言溝通方式。

第七章

非語文溝通

人際溝通包括許多方面，語言／文溝通和非語言溝通是其中最重要的兩個方面。口頭語言和書面語言是言語溝通的兩種主要方式，而非言語溝通主要包括眼神、手勢、語調、觸摸、肢體動作和面部表情這類顯性的行為方式，以及通過空間、服飾等所表露出來的非顯性資訊。人際間的非語言符號的表達，多數情況下，是一種情緒的自然反應，一種形式簡單卻訊息量很大的形式。語言／文則可以通過思維加工來製作複雜的邏輯表達，甚至是可能與想法不同甚至違心的內容。語言溝通往往被認為是最直接的交流互動，然而，語言是主觀加工的，因此很難說它一定是可靠的資訊。一般來說，非語言中自然呈現的身體語言和生理反應，則很難出現與表象相反的現象，也不會撒謊，因此也相對更可靠，它比經過理性加工的語言更能表現一個人內心真實的情感和慾望。

　　非語文溝通（Non-verbal Communication），顧名思義，語言／文溝通之外的方式所進行的溝通行為，其範圍相當廣，是一個包括肢體語言、行為語言等名稱的名詞概念，既籠統又曖昧。

它通常指的是使用除語言符號以外的各種符號系統，包括形體語言、副語言、空間利用以及溝通環境等實現交流訊息、溝通思想和情感的過程。在溝通中，被傳遞的訊息內容部分不但通過語言來表達，而且也常常通過非語文的形式來傳遞。語言／文溝通與非語文溝通中，有關於人的因素，涉及到大部分是符號，這是因為符號是人造的且供人使用的，無論是生理上還是心理上，對於符號的即時反應與解讀符號過程都是極其重要的。與使用複雜的符號體系的語言溝通不同，非語言作為可直觀感受的符號提供解釋內容的框架，來表達資訊的相關部分。它不僅可以反映溝通人際的態度和情緒，也能支持語文溝通甚至代替語言。和語言溝通一樣，非語言溝通也有其缺點，因此人際溝通所採用的方式通常是一種語文與非語文的組合。

　　非語言溝通常被錯認是輔助性或支持性角色，但其實並非如此。加州大學洛杉磯分校的一項研究表明，個人給他人留下的印象，7% 取決於語言用辭，38% 取決於所發出語音的音質，55% 取決於非語言溝通。當人們進行面對面溝通的時候，會使用到三個主要的溝通元素——用詞、聲調，還有肢體語言。所謂的「7%～38%～55% 定律」，指的就是這三項元素在溝通中所擔起的影響比重。也就是說，面對面的溝通中，資訊所產生的影響力很少來源於說話內容，語言／文規定體系在溝通中的使用和作用遠低於非語言，非語言溝通的重要性可想而知。非言語交流使得人際交流更加豐富流暢，能強化交往過程中的情感資訊，使語言

具有特殊的意義。但是其前提是交往雙方必須具有對非言語交往形式的共同理解。當言語及身體辭彙表達的資訊不一致時，影響力最大的是面部表情，其次是聲音的音調、音量、音頻和音質，甚至沉默，最後才是語言本身。若面部表情與言語行為不協調時，則起主導作用的是面部表情。因此，非語言有時更能起到傳遞訊息的作用。但這並不意味著語言溝通就相對而言不重要。

非語文與語文溝通，指的是溝通分類中的媒介區分，以語言文字為符號，和口頭溝通與非口頭溝通中所使用的口頭語言的聲符，所指不同。這兩種是混合使用的，特別是語言／文溝通，經常伴隨著非語言的形式，因此兩者具有相互補充、重複、替代和強調等關係。

非語文溝通的範圍相當的廣泛，包括了記號（例如手勢和各種規定性公共標誌和信號等）、人及物體的外觀和外貌（例如衣服、眼鏡、建築空間、布置、設計、藝術作品、個人身體等等）、行動或行為（所有的身體姿態表情和動作）、空間距離感（例如親密距離 0-0.45 米，私人距離 0.45-1.2 米，社交距離 1.2-3.6 米，公共距離 3.6 米以上）和時間感（對時間的感覺和態度）以及附加於語言的個人特徵（副語言，語言傳達伴隨的元素：語調、重音、音的長度、停頓甚至沉默等等）。

非語文溝通所涉及的符號有擬似語言（所發出的聲音特質如強度、語調、共振、速率和節拍等，以及如打嗝、打哈欠、哭泣、悲嘆、呼吸聲等的語聲）、身體動作（情緒表達動作、調整

適應動作、點頭搖頭和手勢等解說動作）、象徵記號（例如社會生活中的禮制甚至顏色等級和牌坊等）、領域範圍（包括空間距離等）以及其他的類似色彩、音符、圖像印象等特殊符號。

具體來說，非語言溝通的基本形式有以下 6 種：

1. 體語。即以身體形態和動作等特徵表達出來的意義資訊系統。比如外表裝扮、面部表情、手勢、姿勢、撫摸和擁抱等身體接觸的方式。它們可以代替自然語言，輔佐深層次意義的表達，流露真實的感情。儀表、衣著、服飾是一種無聲的語言，人們通過它可以表現自己、了解別人。我們經常說，切勿以貌取人，但第一印象對溝通其實是很重要的，對於不熟悉的他人，我們的資訊有限，因此外表裝扮態度等的直觀訊號是我們最初對他人下判斷的依據，對接下來的進一步溝通起到奠基性的作用。

2. 目光接觸。目光的接觸是觀察對方的直接手段，可以接收對方的情感，也可以表露對對方的理解、鼓勵和熱誠，甚至冷漠敵對等含義。例如，在無意溝通的心態下，人們會下意識地躲避對方的目光。

3. 人際距離。通過人與人之間的距離感，可以感受了解人際關係的親密程度。但是不同文化中約定俗成的人際距離和位置以及習慣，其實是不同的。

4. 時間控制和時間感。溝通參與者選擇適宜的時間段和控制適當的時間長度進行溝通，有助於促進參與者之間關係的穩定和有效發展。就像講一些神話或恐怖故事，晚上效果會更好。另

外，對於時間的重視與否也是如此，不僅是個人之間，不同文化的時間概念也會有差異。

5. 實物與環境。人們用以對環境的控制和表現，來展示自己的專業屬性和性格特徵，影響並了解他人的無聲語言。例如，酒店的外部設計和內部裝修風格，都是酒店管理者想要表達的相關理念的反映。

6. 類語言。也稱副語言，一般包括聲音要素和功能性發音。前者如音質、音量、音調、節奏等對語言的伴隨性和輔助性特徵，後者則指無固定詞義的發音，如哭、笑、嘆息、呻吟等。它們能夠彌補語言表達感情的不足，增加了語言的特殊意義。這些都具有個人特徵和風格，不像語言本身是有固定的體系標準。我們說話的態度不是單純依賴文字，而是藉由講話所伴隨的聲音表現出來。我們通常不會憑藉對方說話的內容來判斷他的感受，而會憑他的聲調來判斷，因此怎麼樣說話比說什麼樣的話更重要。

非語言在溝通中不僅具有象徵性、解說性、情緒流露和表達，還具有自我調節和調節氣氛以及互動的心理上的功能。它不僅是生理行為和情緒行為，而且還是一種社交行為。生理行為很難控制，因此可以視為自然反應，具有一定真實性，例如，我們共通的面部表情是一種共同的非語言符號，不同國家、不同文化，人們的面部表情所表達的感受和態度是相似的，因此可以直觀地感受對方的態度和情感。情緒行為在某種程度上是可以控制

的，但實際上很難做到。社交行為也是可控制的，是意識層次上有動機和目的性地展示給對方看的。

　　非語言溝通可使個人更好地了解自己和他人，從而使溝通更有效。它的方式多種多樣，富有溝通性，就算身體完全不動或保持沉默都可以是一種形式，但過分解讀就可能適得其反。除了生理性的自然表現，而且它還是通過後天習得的，在各種不同社會文化背景下，個人皆有可能不同，習慣或當時反應亦不同，不可以一種標準來解讀，而要視具體情境來判斷。比起語言／文，雖然它有時相當隱蔽和難解，下意識的身體反應，對於解讀者而言有時更誠實、更可信。

　　尤其相對於口頭的語言溝通，非語言溝通的特性就更加明顯。

　　1. 持續性：從雙方溝通行為一開始，非語言類的符號在情境中即持續存在，而且在語言溝通之後，仍會持續。也就是說，詞語符號停止則語言溝通中止；而非語言溝通可以沉默和表情動作等形式來延續；

　　2. 可經由多重渠道進行：語言溝通是通過詞語文字聲音符號，使用口頭及書面方式；非語言溝通可以通過聽覺、視覺、嗅覺、觸覺等多種渠道，開心可以用多種非語言方式表達，可以笑容也可以手舞足蹈。無論是看、聽、聞、嚐，還是整體的感覺，都可以混合進行接收訊息；

　　3. 可呈現較深的情緒內容：情緒的自然流露不易掩飾，或在

不經意中通過身體反應透露訊息。例如，一個人面部表情如何，自己很難知道，而且控制面部表情有時也非常困難；

4. 模糊性：可能存在隱蔽性和個人特徵，容易使人誤解。但另一方面，它所包含的訊息，比起語言來說，卻又可能是大量而豐富的；

5. 具有文化差異性：不同文化中有不同的習慣性表達方式，對於不同文化的人使用具有不同內涵的符號，往往會產生誤解。

在日常的人際溝通中，語言和非語言溝通形式兩者通常混合使用，各有各的優缺點。語言溝通滿足了人類最自然的願望——以說話的形式表達意願。在非語言溝通的情況下，通過交流雙方的狀態和行為，可以直觀地傳達情感、狀態、情感、個性等。非語言固然有其直觀和便利之優點，但也仍然存在不足之處。傳輸者和接收者之間的語言溝通，尤其是口頭交流中出現混亂的機會非常少。相反，非語言溝通中誤解和混亂的可能性很大，因為沒有使用語言且非語言本身具有一定的模糊性，個人特徵也明顯。在口頭語言溝通中，資訊的交換非常快，從而導致快速回饋。而且語言和文字的內容和意義的豐富性及其所激發的情感的多樣性，也是非語言無法比擬的。因此，不能因為非語言在溝通中的比重，而輕視語言文字在溝通中的重要性。不像非語言那麼具有即時性的表達，語言在指示某些事物時，不僅是表達此時此地的事物，還可包括過去及未來或其他任何地點的事。人們也可以通

過語音文字來創造新的意思，或者對之前的話語進行修正和回饋。相對於語言溝通，非語言溝通由於在表象符號後面的意思更有隱蔽性，更多地基於理解，這需要時間，因此相對較慢。在口頭交流中，雙方都不必在交流的地方，如果雙方在不同的位置，也可以這樣做。為了進行有效的非語言溝通，在交流時雙方都必須同時處在某種便於溝通的場景下。在口頭溝通中，如果溝通是正式的或書面的，則保留書面證據。但是，非言語交流無法確定和保留確鑿證據。語言文字可以組合造新詞，而非語言尤其是肢體，很難形成一個複雜的表達體系。一些意思，很難用肢體和圖像來表達，例如，「青春」、「待會要下課」、「失戀」等抽象或者意思較為複雜的詞語，很難用非語言符號來表達，而且還要有一定的經歷和經驗才能體會其意義。

　　無論是語言溝通還是非語言溝通，都需要建立在參與者各方的積極回饋和雙向交流所達成共識的基礎上。我們常常想要更快速地了解對方的心態和想法，因此常常有將非語言，特別是肢體符號加以標籤化，希望能擁有讀心之類的能力。其實，非語言只能作為參考訊息，因為有太多的影響因素，重點在於符號在情境中的意義，變化也產生意義。因此，我們還是要回到溝通的起點上來。溝通是基於感知和認知的，不可避免存在主觀性，標籤化也是不得已和難免的，要想真正且完全了解對方是不可能的，但通過開放的心態，保持同理心，花時間慢慢接近對方的想法和情緒，才是溝通的良方。因此，非語言溝通作為一種符號相關的意

識交換行為，仍然存在符號本身的根本性認知問題，不是有固定的規則和定律可以拿來作為絕對的根據和依賴。從根本上而言，正是個人的差異性決定了溝通不可避免地存在變數，而文化之間的差異更是如此。

第八章

文化與文明

溝通，歸根到底是人的問題，個人的認知和個性特徵的差異衍生了溝通的複雜性和多樣性，個人的因素在溝通中佔極其重要的作用，也是溝通障礙產生的基本原因。與個人一樣，社會團體之間的溝通也因其差異性而產生溝通障礙。這就涉及了團體特徵的差異性及其導致的溝通問題，通常我們將其稱為跨文化溝通（Intercultural Communication）。跨文化溝通通常包括跨文化人際溝通、跨文化組織溝通和跨文化國家溝通等領域。作為團體的文化，不同文化之間，一樣具有符號的差異性。然而，文化既然是團體的產物並為之所共享，也必然帶有某些共同的行為準則和特徵。對外有明顯的差異性，對內則有相似性。文化之間的差異性和文化之內的相似性是共存的。跨文化溝通比起一般相同文化內的溝通要複雜得多，無論是它牽涉到的感知與思維方式，還是編碼與譯碼過程的轉換困難程度，都是一般的溝通所不能及的。

文化

　　文化（Culture）一詞，為和製漢字（詞）的詞彙，乃是從江戶時代到明治維新時期日本人引進西洋文化[1]、大量翻譯西方文獻時，由於在漢字中找不到相應的詞彙，於是利用中國古代經典中的字來創造的。在古代中國語言中，「文」，原指紋理，使用圖案傳遞訊息。發展成某種禮儀社會秩序，與武相對（天文/相，人文，人文符合天文，天人合一）。「化」，則有變化、同化、理解、包容等意思。文化在古代漢語中實際是「人文教化」的簡稱。社會禮儀的規範化。通常以「文化」來相對於「武攻」而言，來表達以文同化之以武征伐之的意思。因此「文化」作為和製漢字，實際上為翻譯西方文獻而採用古文漢字來對應外語單詞的含義，故應以西方語言中的原意為本，而非以古漢語中的中文原意為準[2]。英文的 Culture 一詞可以追溯到古羅馬哲學家西塞羅所使用的拉丁文「Cultura Animi」，原意是「靈魂的培養」，由此衍生為人類在社會生活中積累起跟自身生活相關的知識或經驗，使其適應自然或周圍的環境，是一群共同生活在相同自然環

1　西洋文化在日本謂之西學，早期又稱蘭學，江戶時代禁止天主教時期經由荷蘭人引進先進西方學術文化和技術的總稱。

2　「文」「化」兩字的組合，最早見於戰國末年出現的《周易‧賁卦》：彖曰：剛柔交錯，天文也；文明以止，人文也。觀乎天文，以察時變；觀乎人文，以化成天下。還有漢朝劉向《說苑‧指武》：「凡武之興，為不服也，文化不改，然後加誅。」以及晉朝束晰《補亡詩‧由儀》：「文化內輯，武功外悠。」

境及經濟生產方式的人所形成的一種約定俗成的潛意識的表現。所謂「靈魂的培養」，即精神內在的東西，通過積累得以延續發展傳承。對於傳承而言，人類除了人體基因之外，最重要就是文化基因了。文化基因之強大有時甚於人體基因的力量。

對於文化的概念定義，實際上有上百種的表達和解釋，五花八門，卻通常無法說明和概括。例如英國人類學家愛德華·泰勒所定義的，文化是一個綜合體，包括知識、信仰、藝術、法律、道德、習俗以及作為社會成員的人們所掌握的其他能力所養成的習慣。還有荷蘭學者霍夫斯泰德所解釋的，相對於生理性的身體硬件，文化是心靈軟件（Mental Soft）。文化也像洋蔥，具有區分和層次。第一層象徵物，第二層英雄人物特徵（即文化典型人物），第三層禮儀，第四層價值觀，即是最核心的關於道德真善美的抽象觀念，潛移默化地指導著文化群體的行為。文化本身具有抽象性和精神層次，因此很難說明得清楚。越想要將其內容具體化，越無法解釋明白。抽象的概念最好使用概括和籠統的文字來體現。實際上，文化的概念可以簡單概括為，文化即生存本身，是共同體的生存結構及其產物。這裡的共同體一般而言，是指大型而固有的群體（具有像是血緣、地域之類的劃分結構，並且具有相同或可自我認同的文化）。文化就是共同體在歷史演化過程中，為了群體繁衍生存，所創造出的符合自然環境的生活模式，並且不斷地豐富其內涵，使之可以最大程度地為生存和生活舒適化服務。

文明

與「文化」一樣，文明也是一個和製漢字。中文中並無現代所說的「文明」的含義，所謂的乾卦中的「見龍在田，天下文明」，指的是中國古代的重禮文化對於社會安定和發展的貢獻，強調君德，禮的推行於天下並且發揚光大。這與現在所說的「文明」之意大相徑庭。「文明」的英文 Civilization（Civis 拉丁語源）即城鎮城市化，強調的是轉化（也就是說潛在的含義是認為轉向城鎮化的社會才是文明的）。變化是相對的，這意味著它需要一個標準來判斷。比如城鎮／市的規模、大型工程建築、基建規模與完備程度、宗教、習俗、社會分工、冶金技術、書寫文字（包括語言的進化）等等。文明發展過程中，最重要的就是人們大規模聚居而住這一步的邁進。沒有這一步，後面的社會形態和文明都很難得到發展。這是因為聚居的人多了就會產生各種各樣的社會衝突，人口增多導致衝突的概率就會大大增加，才需要嚴密的組織和規劃，包括了土地住房公共設施等。政治組織、軍事組織、審判司法組織和宗教組織等群體，都是聚居之後所自然形成的社會結構的體系。

文明可以用來指代某個區域或人群或時代，特別是其生活方式、思考模式，觀感上有著顯著而明顯的特徵和一貫持續性，且與在當時具有一定的先進程度。所謂文明的劃分和界定，其實是為了方便，卻並無實際上的意義。有時用「文化」或「社會」來

代替，也並無什麼不同的意義。文明的一貫性和先進性，其實見仁見智，各有標準。文明之所以稱為文明，是因為它在歷史上曾經輝煌，曾經閃亮，曾經令其所屬群體自豪和懷念。它可以通過考古和歷史記載對其物質形式再發現和解釋或整理，從而將其上升到精神文化的高度，或者可用文字、建築、制度等標準來確立其群體歷史文化產物的重要性。文明在近代的另一層含義，還具有西方主體性的視角，顯示其無上的優越感。當文明被用來區隔某種集體社會脫離於「落後」、「野蠻」、「原始」、「未開化」的特徵時，其背後體現的是，某些所謂社會精英的傲慢和企圖抬高自我統治的正當性，特別是 18 世紀後的殖民主義野心。那麼，這種文明是有外在主觀決定標準的。這種標準決定了某種文明是高於其他文明，並充斥著主觀的判斷標準。民主、自由、平等，這些隱性的主觀意識性偏頗和偏見的概念，本身就引人懷疑。

「文明」這個名詞的最大問題，是對「文明」的濫用。雖然現代意義上的文明是有標準的，但文明標準的濫用，背後是對自我價值觀及立場角度的絕對化，這需要警覺和反省。例如，現代人就一定比古人文明嗎？穿得不正式不名牌就不文明嗎？文明含義的濫用，把文明等同於道德，正如把文化等同於科技知識，說到底是一種自傲和鄙視的心態，無須將其上升到民族、種族的優劣層面。事實上，每個社會都可以出現文明，即便是極端惡劣環境下。文明有時也被等同於地域範圍或等同於社會，或從經濟含義（經濟技術生物人口）的視角來說明物質和生存狀況決定文

明命運，以及人口升降經濟技術興衰影響文化和社會結構，抑或從思維方式集體心理（宗教尤其反映這一方面）來暗示集體精神對於文明的影響力。亨廷頓 1996 年在著作《文明的衝突與世界秩序的重建》（*The Clash of Civilizations and the Remaking of World Order*）提出文明衝突論，認為冷戰後世界格局的決定因素表現為現存的七大文明或八大文明，即中華文明、日本、印度、伊斯蘭、西方、東正教、拉丁美洲、非洲等文明。且不說其本身劃分有問題，他所提出的把衝突根源設定在文化差異，主宰全球的是「文明的衝突」這個觀點也是有問題的。他完全忽略了在世界衝突中，國家的利益是在文化之上，所謂的文明或文化衝突又是一種藉口和表象結果，用「共同體的衝突」的表達則反而比較實在。從共同體而言，天下形勢，分久必合，合久必分，沒有絕對長久存在的文明群體。而且全球化潮流正在緩解這種衝突，所謂文明體的文化經濟差異正在慢慢縮小。現代的世界衝突實際上是以國族為中心的民族經濟和資源的衝突，在工商業文明主導的利益爭奪中正在佔據主要地位，無論是貿易戰還是國家之間的軍事戰爭，其實都是共同體的利益和爭奪生存空間的問題。現代民族主義抬頭的基礎是國家倡導的，是建立在國家利益衝突的基礎上。因此，濫用「文明」一詞的背後實際上充斥著各種意識形態和共同體利益的衝突問題。

文化與文明

文化與文明這兩個名詞，包含了相關相似卻又不同的意義，可以說文明是文化的體現。文化這個概念本身是模糊而抽象的，而文明卻需要確定的標準來衡量。我們常說的「東方文明」和「西方文明」，其實都是草率粗略且主觀的區分結果。可以說區分是差異感導致的，絕對的區隔為了方便，區分西方與東方或中華文明或文化都是主觀便利的結果。文化就是群體的生存方式，或是生存結構的產物。文化包括了兩個要素：共同體和生存結構，任何時代的共同體都具有其獨特的文化。因此我們現在所說的「中國文化」這個概念本身就很模糊，我們到底在說哪個時代的文化呢？而且現在的中國文化中難道就沒有其他文化的影子和內容嗎？

文明是外在，而非內在，正如文化是內在，而非外在。很多時候我們把文化的產物和文明的表現與現象當成了文化本身，其實文化是抽象的但卻又是可感知的。文化通過共同體在生活中產生的共同智慧來創造可見的社會現象，正如對中國文化而言，琴棋詩畫本身並不是文化，而是文化現象和產物。或許可以說文化就是歷史的延伸，是群體生活方式的歷史演變。文明則是某個歷史時期、某個地理環境下的文化體現，我們常說的某個文明，是特定時代的具有影響力和明顯特徵的輝煌文化。真正塑造文化和文明的，是人的信念和願望，對於群體秩序及其安定發展的願

望。生產力是其結果和產物,而不是原因。

文化源遠流長,每個時代的文化體現於不同的文明。如果談及文化,我們可以籠統地說某個整體的文化,也可以說某個時代的文化,在這個整體文化中,每個時代的文化都有不同的內容形式及其外在表現和影響。文化是排他的,需要保護自己並維護團體生存的穩定性;但是文化又是流動的,它通過交流交集其他文化,在不知不覺中自然而然地改變自己和其他文化。文化融合的結果又可能產生新的文化。文化若水,柔軟卻又強大。人類社會中,現象的背後其實都是文化,它並非人類自發選擇的直接結果,而是在支配性的地理氣候條件下,被迫做出的適應性行為並將之發展到群體生存的最適狀態。這種狀態下,物質性和精神性的需求均能得到最大限度的滿足。每種文化必然要在這種生存結構性下傳承發展,時代不同,氣候地理環境也不同,內外生存威脅影響是致命性的。因此,文化需求和表現形式也必然不同。它是與當時的各種條件息息相關的,即,所謂的文化土壤。一旦這種文化土壤改變,這塊土地上的群體文化也必然隨之調整或改變。傳統文化是傳統文化土壤的產物,不能硬搬照套。文化土壤的喪失,標誌著此文化的不可原樣再生。或標本化,或改頭換面偽裝之而再為現代社會秩序或潮流所方便利用。文化同時具有單一性和多樣性,單一在於區別於他者的總體特徵,多樣在於其內部的變化和複雜。簡單來說就是,共相和個別實體,名稱和個體內容,同一個大的文化內部,由於個人差異和影響因素不同,必然存在主

流文化、次文化和亞文化，因此是一個相當複雜的組合體。

文明是文化的時代結晶和集中體現。文明就像一個有機體，因人而興起，同樣也因人而腐朽滅亡。文明可以被另一個文明所替代，然而文化和基因卻可以在變化或突變中前進。嚴格來說，並沒有所謂的原始人和野蠻人，我們同樣都是長久進化過程中的產物。把文明和變革混為一談，或把文明與成長混為一談顯然站不住腳：所有的文明都會興衰甚至滅亡，所有的社會都會變化，所有的社會也都渴望安定，所以社會的本質是追求秩序，都極力塑造世事不變，當代文明萬世永續的假象。社會、國家、民族甚至文化本身都是想像的共同體。

文化是群體智慧在歷史上的演化，是一種生活方式和生活態度。文化在交流中融合，在孤立中保持原貌，尤其是隔絕環境，類似桃花源和一些地區的原住民。文明在內部腐化並在外力下崩潰，文明之間也可以相互影響及替代。文化可以通過交流傳播，但我們通常並不說文明的傳播。文化可以在文明消亡之後仍然傳承下去。文明可以興衰滅亡，外在可見可區分，而文化則是傳承發揚與改變，無所謂興衰滅亡。例如古希臘文明早已不復存在，而古希臘文化至今仍是現代文化的基礎和經典。

因此，我們學習文明，是分析經驗教訓，以史為鑑，吸取興衰的教訓，明白人類與自然的關係而勿自大。學習文化，是明德中庸，了解價值和智慧，傳承價值，吸收文化的精華，達到天人合一共存。

文化的特性

　　文化是抽象的，在團體中、在個人身上、在社會中無處不在，我們甚至無法用具體形象的言語來表達描述，但仍然可以通過文化現象、文化中的人的行為來感知體會。以下是關於文化的一些特性，通過這些特性可以更好地認知和理解文化的本質。

　　1. 團體性：文化既然是有關共同體的生存結構和方式，是基於共同體的共同認知的結果和產物，那麼文化當然具有團體性，來自於群體，在群體的演化中共享、傳承和演變。個人的生活習慣，則無所謂文化，至多只能稱之為個人風格。對於文化，我們通常不作極其微觀的個人或小眾審視，而是籠統地給某個長期共同生活並具有相當規模群體的生活習慣和現象，賦予文化的稱謂。

　　2. 共享性：群體的文化必然是被社會所認可的，並因此在生活中形成共通和共同的心理程式和邏輯思維習慣，從而下意識或潛意識地指引其日常行為，因此具有共享性，並通過它來進行文化認同。

　　3. 習得性：在共同生活中，群體的成員通過積累創造並傳承其生活智慧，在穩定的社會中，思想和行為成為一種默認的生活習慣，而後代的成員在這個墨守成規、追求安定的社會秩序中，必然要模仿和學習這些社會規則。因此，文化不是先天的，是後天的經驗性質的知識，也是從生活中學習來的，包括愛國主義等

等那些我們潛移默化刻在心中的情感,其實都是需要經教育過程而習得的。

4. 排他性:生存是人作為物種的第一要素,是前提。與個人天生具有保護自身的本能一樣,出於團體生存目的,共同體必然要發展出讓自身更好生存的文化出來,文化因而一開始必定是為生存而創造的。在保護群體免受自然威脅和解決生存條件的基礎上,還要通過加強內部團結和組織,來保護群體免受其他群體的威脅和侵害。陌生群體的文化形態對其而言,是區分外人的標誌,甚至是怪異和可怕的。因此,文化天然具有排他性,有遮蔽效應,來保護和維持群體的生存和繁衍。文化是團體生存方式的結構和產物,必須是內在合理並能維護其載體的。然而群體文化又有路徑依賴的傾向,這使得文化本身往往過於依賴傳統,而當團體或時代發生變化時,它就無法再對其載體構成維護效應,那麼當這個文化對其載體開始構成傷害時,這個文化必然走向衰弱。近代中國在工商業經濟文明開始成為世界強國主流方向時,拒絕放棄原來的文化,就導致了自己文化的衰弱,中國民族也因此受到極大的傷害。

5. 脆弱性:在人類為生存,必須要向自然界索取生活資源。然而,在自然環境中,人是脆弱的。從樹上下來無力與其他食肉猛獸爭食的類人猿,進化到自以為可以用科學統治自然的現代人類,人類發展歷史可以說是人類與自然共存中所獲得的控制和索取資源的能力發展過程。過度的索取終是帶來自然的懲罰,無論

是破壞環境導致地球生態威脅，還是瘟疫病毒不斷改變形態施虐，都會給人類生活帶來沉重打擊。但更無力的是，面對自然災害，人類的力量幾乎不堪一擊。因此，人類的生存本身容易受各種自然因素影響，包括地理條件和氣候條件，那麼作為生存結構的文化也是如此。不同的地理環境和氣候條件下，人們必須考慮可以獲取的生活資源和躲避可能的自然威脅，為了團體可以繁衍和更好更舒服地進行生產活動，文化形態必須要適應生存環境。因此文化是要有其土壤的。一個典型的例子就是，從中國東北到西南，沿大興安嶺、陰山、賀蘭山、巴顏喀拉山、岡底斯山，有著一條明顯的 400 毫米等降水量線，又稱為「15 英寸等雨線」，將中國分割為兩大區域。線的東南部是季風區，年平均降雨量在 400 毫米以上，適宜農業耕作；線的西北部由於大山的阻擋，是非季風區，年平均降雨量在 400 毫米以下，乾燥多風，只能適合放牧。因此，這條線就成了半濕潤與半乾旱區分界線、森林植被與草原植被分界線、種植業與畜牧業分界線、農耕文明與遊牧文明分界線。這兩大地區的生活方式由於嚴重受到地理氣候影響，其生活方式完全不同，文化自然也不同，於是才有了中國歷史上北方遊牧民族不斷侵入並融入南方農耕民族的中華民族歷史。而且，自然環境一旦發生變化，該地區的人類必須也相應地改變生存形態和結構來適應，否則就會陷入種族滅亡的境地。例如，大洪水、河流改道、乾旱或沙漠化等等，就會使得民眾尋求改變生活方式來改善生存條件，甚至背井離鄉遷移他處，但遷移

到其他地方也是一樣，其生活方式還是要適應該地的環境。氣候和人口是人類文化的重要影響因素。從大冰河時期進入暖化，新仙女木時期的氣候變化，各個時期的小冰河期，例如東漢末年和羅馬帝國後期，以及寒冷期直接導致中國古代朝代的重大變更等等，都對人類文化的改變和進程產生巨大影響。因此，在自然面前，文化是極其脆弱的，它被迫改變自身以適應自然的變化。

6. 可變性：文化並非一成不變，文化的脆弱性導致其在不同時代必須改變自身以保證團體生存。除了環境的改變之外，其他文化和共同體之間的影響也會導致文化產生改變。貿易交流，使得不同共同體的文化技術傳播和經濟產物，甚至食物服裝等產生互換或改變；軍事戰爭會導致統治體制的改變；人口的流動會導致共同體成員的變化；文化思想和知識的交流更是如此，會大大豐富文化內涵和重整文化的成分。例如印度文化中的佛教就曾為漢字詞彙本身和中國文化的博大作出重大貢獻，並通過與中國早期文化進行融合和改變，在中國開花結果，成為中國傳統文化的重要組成部分。

7. 連貫性：只要共同體沒有徹底滅亡，在代代繁殖的情況下，之前的文化不可能被完全改變，是具有一定的連貫性。文化是可變化的，是可與其他文化融合的，也是可傳承的，即使變化融合都是緩慢且潛移默化的過程，文化記憶和文化基因在文化中起著相當重要的作用。文化是群體生存和繁衍傳承的依賴，與當地的氣候、地理以及人口相關，習來傳統即生存形式的延續。路

徑依賴是一種慣性，它也不得不與時俱進，根據當時的情況來適應之改進自身，甚至會出現文化轉向。群體的現狀即路徑依賴和與時俱進這兩個方面互相妥協的結果。

8. 隱蔽性和決定性：文化是共同體的生存結構，因此是共享的，且在生活中無處不在。既然是一種習慣性的習俗，文化就會在潛意識中對共同體成員的行為起指引作用。文化對自身的共同體成員而言，是習以為常和想之為當然的，因此其行為是下意識的，具有隱蔽性。共同體成員從出生開始就模仿和習得文化，文化在其成員的先入觀中十分牢固，是自洽體系的重要和主要組成部分，對群體和個人的行為起到決定性的影響作用。

9. 想像 / 虛構性：文化具有虛構性，聽起來不可思議。但我們看到一些文化現象便認為導致這些現象背後的文化的內容就是可確定無疑的，這種想當然的觀點本身就是問題。共同體的想像與文化的想像是相關的，文化是共同體的產物，如果共同體本身是想像的結果，那文化當然也是如此。班納迪克・安德森在其名著《想像的共同體——民族主義的起源與散布》（*Imagined Communities: Reflections on the Original and Spread of Nationalism*）中，對關於現代民族解放運動現象的本質進行了解構：現代民族國家意識背後的凝聚力的本質是對血緣和地域聯繫和情感的無限昇華，試圖創造出一個內部平等團結互愛的想像的有限且擁有神聖主權的共同體。實際上，不單單是近現代民族覺醒運動產生的國族，宗教團體更是如此，只不過宗教是基於神和經典來進行想

像其共同體。我們現在所說的所學習的「文化」，尤其是傳統文化，其實很多都是被篩選和被宣傳的文化思想和現象。文化本身就是抽象和曖昧的名詞概念，包含的內容只能任由個人和共同體來理解和決定了。而且，共同體在歷史上其成分是不斷變化的，從東非出走的晚期智人到現在的國家，其成員不斷分化融合，我們所說的文化是站在現代民族國家的角度和立場而言的，是以現在的結果回溯源頭來看待自我和他者的文化。那麼文化的內涵也只能各說各話了。尤其是共同體的來源，各民族都有各自的神話傳說，並將其當成文化的起源和共同體精神的最重要的依託和內涵。而且還會在歷史中尋找代表性人物當成祖先和民族的英雄榜樣，來宣揚自己民族的優良傳統和民族精神。傳統文化與現代文化的區別不言而喻，現代文化是現代共同體成員的生存結構和產物，時代不同，內涵自然不同。我們很多時候所說的文化其實是一些傳統文化，代表了共同體的歷史智慧。但是，文化有其適合的時代土壤，傳統文化亦然。失去了文化土壤的古代文化，照搬來用自然不可行。對於現代人而言，傳統文化只有說是否仍然適用現代社會的問題，可傳承、利用、改造並且與現代道德標準不相違的才被認為或認同為自身文化的一部分。文化，尤其是文化遺產融入了太多的「主觀的、描述性的和解釋的經驗」，[1] 很多時候它確實可以說是人為建構的結果。文化完全可以以建構主義

1　Synnestvedt A. "Who Wants to Visit a Cultural Heritage Site?", *Images, Representations and Heritage*. New York: Springer, 2006:335.

的角度來理解，[1] 它是一個動態積累的結果，在每個時代而言，也是時代性的主觀解釋的產物。因此，文化其實是想像的共同體的再想像產物。共同體及其精英都會不自覺地構築對自己和群體有利的文化，並在相應的教育內容和制度文化中將其凝固並呈現出來。自身文化的建構始於對共同體的來源的想像，例如人是怎麼來的、世界如何產生形成以及祖源的確定等等，因此各個文化都會有神話傳說並且有些還當成歷史的一部分。這些神話傳說通過傳播而最終融合形成各個文化族群所流傳的祖先來源，並且形成民族認同和民族情感的基礎。例如，日本的民族神話就融合了來自古代中國、朝鮮乃至西亞的神話故事，並且在權力演化中被不斷修改，使之符合統治層的權力依據。文化不是一成不變，是跟隨時代變化而不斷演變的。貌似永恆不變的文化，其實就像赫拉克利特所說的河流，流變而無常駐。即使是常掛在嘴邊的傳統文化，在每個時代也是根據需要被各自重新定義的結果。文化的想像性的根本就在於它的內涵是被人為解釋的對象和被建構的結果。

　　10. 可遷移 / 擴散性：文明是擴張的，而文化是傳播和擴散

1　建構主義的一個重要特點是從過程的、動態的角度看待社會現象；「社會事實」基本上是人們經由特定過程建構出來的，總是處於不斷的變化中，並關注變化中的權力特性。建構主義（主觀的 / 個體論的）尋求的是理解個人的和主體間的意義和動機，人被看作是有資格能力和溝通能力的行動者，他們積極主動地創造或建構著社會世界。馬爾科姆・沃特斯（Malcom Waters）：《現代社會學理論》，北京：華夏出版社，2000，第 25 頁。

的。文化傳播和擴散是指思想觀念、經驗技藝和其他文化特徵和特質從一個社會流傳到另一個社會，從一地傳播到另一地的過程。只要存在群體間的互動，文化的傳播就可以實現。它既可以是某一個文化為中心向四周擴散，例如中華文化、佛教和伊斯蘭教，也可以是通過戰爭、貿易或移民實現遷移式擴散，例如技藝、基督教。這個過程對人類文化的發展起到重要的作用，交流、吸收、融合都會促進文化的演進和豐富化。任何一種文化要在起源地之外的地方存在和發展，一方面必須能夠適應該地社會的現實需要，另一方面必須與該地的傳統文化融合。所以文化擴散是一種人和空間的相互作用，帶有明顯的地理性和當地適應性。

文化的這些特徵使得文化在人類歷史上呈現多樣性，並在交流和傳播中融合，並在傳承中因應時代而變化，在世界各地形成不同族群的獨特並且合理的生活方式。文化並無標準，也無高低，而是群體為生存而創造的智慧結晶。

第九章

文化差異

文化作為獨特的群體意識形態，形成默認和規定性的社會性的先入觀意識，並指導群體及其成員的判斷思維和行為傾向，而這些都構成了文化差異的根源。當一個共同體從未接觸到其他共同體的文化，那麼就不會產生文化的差異感，甚至也沒有必要談「文化」這個詞的概念及其內涵。自我只有在有與他者區分的時候才需要意識自我，文化也是如此。正如每個人都不一樣，共同體之間的成員構成也不同，因此，不同人有各自的風格，不同的共同體也有其獨特的文化。

　　文化是共同體的產物，同時共同體的集體和成員的行為也受文化的控制。文化通過家庭和社會教育，使得其成員形成一定的行為準則觀念和禁忌，從而達到社會的和諧。這些準則使得共同體成員形成了固定的思維和判斷傾向，與其他共同體對比，具有明顯的特徵。

　　跨文化溝通在英文中可翻譯為 Cross Communication 或 Inter-cultural Communication。Cross 強調的是差異、比較、變化，認知和情感的心理過程，衝突管理方法；而 Inter 則強調不

同文化間的相互作用並對其進行解釋，包括了對身份外表表情等心理過程、相互作用的結果和過程、適應性和心理調節以及對溝通網絡進行深入考察和探究。跨文化溝通，包括了跨族群跨國家等等的問題，而文化差異是其基本要素。跨文化溝通總的來說，就是解決文化差異的問題。

文化的功能對差異產生的影響

文化差異的根本問題，除了因為族群的生理特徵差異導致的違和感甚至疏遠敵對的態度而致使雙方減少或失去溝通的意願之外，還在於共同體之間的感知思維定式的不同。意願與態度是溝通的前提，但跨文化溝通過程中的具體問題還是在於感知思維和行為習慣的問題。法國的梅洛龐蒂提出的「肌膚存在」其實就是強調感知，知覺為先的一種觀點。「文化肌膚」[1]的新名詞指的是，任何文化其實都有其自身的文化肌膚，個體通過它來感知世界和社會。對於他文化，我們也都透過文化肌膚，這種非純物理

---

[1] 從梅洛龐蒂（Maurice Merleau-Ponty, 1908-1961）的肌膚存在論（ontologie de la chair, ontology of flesh）到劉國英主張的「文化肌膚」（la chair, culturelle, cultural flesh），詳見劉國英：《從肌膚存在到文化肌膚——走向文化交互理解的現象學》，《現象學與人文科學》，2020 年第 9 期，第 91-128 頁。

亦非純精神的感性基礎，來進行跨文化溝通。不同文化，文化肌膚也各有不同。對於符號的感知反應也是各異。價值取向是有其感性基礎的。這種由文化習慣形成的感知機能，面對異文化時會產生違和感甚至排斥感。例如每個文化對顏色的感知和價值取向都可能不同，這種感知差異就可能引起文化衝擊。如何使得自己的文化肌膚能包容理解和適應他文化，這不是單純移植他文化的文化肌膚或拿來主義可以解決的，而是需要自我培養和適應的過程。

我們對世界的感知和認知其實都是以經驗為基礎來進行判斷，而經驗中的很大一部分是來自於後天習得的群體文化。對於自己的文化和感知他者的文化是不同的，這對於溝通雙方也是如此。自身的文化會試圖以自身的感知方式去認知異文化，並且同時在已經知道和可知道的經驗文化背景內進行關聯性的感知、理解和反應。這不僅牽涉到社會感知和語言符號，更牽涉到對於態度觀念和思維行為的影響。

1. 文化對社會感知的影響

在前幾章我們已經看到，感知並非純粹的感覺，而是一系列包括感覺器官、神經系統和大腦的整體運作過程。它是將外界刺激轉化成有意義的知覺經驗過程，看似只是感官的感覺而已，實際上是經過了快速而複雜的內部經驗參照轉換。餓了就會找食物，而且選擇性地專注於食物；而食物反過來也會刺激食慾。除了生理需求，文化也會對群體感知產生影響。社會感知是指人們在社會生活中對遇到的事物及問題的感受以及賦予意義的方式，

從而產生某種感知上的定式。這是跨文化溝通的基本問題和障礙來源。群體在漫長的歷史過程中，積累並演化出對感知的偏好的選擇性傾向。這種對外界刺激的反應背後，其實是看不見的文化使然。我們在進行文化對比時候，經常會根據這些獨特且顯而易見的文化感知現象，舉例來說明不同共同體之間的差異。例如對圖形、對顏色、對動植物會根據自己的喜好來選擇性注意，並根據經驗下意識和潛意識地對之作出解讀和判斷。尤其是國歌的節奏和國旗的圖案和顏色，對共同體成員意義重大，且賦予特殊的情感。社會生活中所有的文化記憶和文化經驗都構成了感知和判斷的依據，並形成群體先入觀的來源以及日常判斷和行為的差異。可以說，文化提供並限制和規定著群體及其成員的感知模式，並影響著對外界刺激的感知和意義的賦予傾向。

2. 文化與語言符號

文化包括語言，語言是一種特殊的文化現象，是精神文化的重要內容，也有其他精神文化所沒有的特性。人類的文化深深根植於語言之中，我們用語言進行描述、教導、吟誦。語言及其文字是文化的載體，文化傳承保存的需要；語言是文化的傳播方式，不同文化間的交流傳播都需要語言的參與作為幫助理解。語言是社會成員出生與成長過程中所習得的必要技能，通過語言，共同體的成員才能順利地溝通和共享文化。因此，語言可以說是文化的必要條件和要素，也是最重要和最明顯的文化現象之一，跨文化溝通主要表現為語言的障礙。語言的背後是文化，對於外

語學習者而言，單單學習其語言工具體系是無法表達該種語言的文化精髓。語言是一種符號體系，包括了單詞和語法表達。單詞的背後是文化的獨特烙印，帶有對於文化成員獨有的生活經驗和情感，是外文化經驗所難以完全理解和體會的。甚至某些單詞在其他語言中並沒有相應的詞彙，這就給語言符號的轉換或翻譯帶來了巨大的麻煩。文字形態和語法表達代表了該文化獨特的思維方式和邏輯形式。各個文化之間的語言與思維習慣的不同，會導致各自的推理角度和形式不同。就像象形文字是表意的，一個一個字形直觀地呈現事物，無須複雜的邏輯就能一眼明白意思；而拼音文字是表音的，需要嚴密和嚴格的語法邏輯體系對一連串的音進行組合，才能表達文字背後的意思。這種思維表達模式直接導致了中西文化的巨大差異。中國的古代象形文字就像圖畫一般，而中國文化講究微言大義，偏向比喻類比式表達和宏觀抽象的表現，並不像西方文化那樣注重邏輯推導和抽象邏輯模型的建構並走向了哲科思維體系。因此，從語言中可以反映文化的特徵，而反之文化走向也受語言的作用。語言與文化相互影響，語言作為工具是有限度的，不可能完全表現文化，對文化交流而言也是一種障礙，兩者互相影響，互為改變者。語言的意義在於人，而不在語言本身。其他的符號也是如此，文化充滿著符號，而符號的選擇和刺激反應則對於文化成員具有其特殊的意義和情感。

在不同文化中，有著語言文字表達方式的差異，直接體現了群體是傾向於追求表達的高效率還是對表達引起結果的抱有更高

的關注。在文化差異的觀察中，我們常常會有高語境與低語境文化的區分和對比方式。高語境的文化，一般其文化傳統為禮制社會，傾向於表達含蓄非直接，以非語言或曖昧語言為文雅和可信任的標誌。低語境文化中，表達者通常傾向於表意的直接化，表達必須直接明確了解，希望可以通過語言來進行快速而有效的溝通，以達到自我表達清晰的目的。

3. 對於態度和觀念的決定

對社會組織社會地位和男女關係等的社會知識、經驗的認知和接受過程，也會構成成員的信仰、價值、心態情緒傾向、世界觀和社會秩序感的形成。後天的文化習得給予共同體成員以技能知識習俗傳統財富，從而使得延續安定的群體社會生活得以可能，社會成員也因此學會如何在其他文化看來怪異的社會中生活。還是那句話，生存是第一要素，共享和共同遵守文化習慣和約束是成員在社會生活中賴以生存的條件。為保持社會穩定需要，成員必須遵守既有的社會習俗和道德觀念以及社會地位高低的觀念，並形成某種高尚的信念和道德標準。這些信念和道德標準對成員產生約束，認為這是理所當然的或是權威而必須遵從的觀念，並通過社會教育傳承給後人，所謂的社會道德底線和良心都來自於它們。這些態度和觀念有助於成員決定其為人處世和社會責任以及理性追求的內容和方式，他們的行為準則必須要符合社會群體所期待的穩定和利益。

例如東西方對民主的理解不同，標準也不同。對個人家庭社

會重視程度，東方和西方一些國家和地區的重視度也顯然並不一樣。以中國文化為代表的東方文化，其本質就是傳統的農耕文化，農耕文化需要群體齊心協力，在有限的土地上精耕細作來獲取糧食，在環境變化惡劣時期尤其需要建設水利灌溉工程，以獲得盡量多的糧食產物。對農耕群體而言，最珍貴的就是土地良田，人們依附於土地，自給自足，代代傳承，不輕易離開，因此不鼓勵遠程工商活動。勞動力和土地是農耕賴以持續的根本，靠天吃飯，子孫滿堂、風調雨順、天下太平就是最大的願望，因此主張社會穩定性。中國古代就是典型的農耕文化社會，注重社會倫理「父父子子君君臣臣」，以天然的家庭血緣等級秩序為穩定的中心，逐步擴展到天下觀。[1] 社會秩序是來源是道德體系，而道德體系來自古人聖賢的教誨，因此教育基於古代經典文獻的誦讀記憶，服從解讀而無需創新。農耕人口的暴增帶來了複雜的社會問題，因此傳統上更傾向於關注人文關懷、倫理道德，而非社會之外的神學範疇的神性關懷、或者打破神性束縛後對科學宇宙觀和科學思維模型的探究。這也使得中國文化幾千年在本質上並無大的震動和革新改變。

工商文化對於農耕文化社會，是一種破壞家庭為中心的穩定結構的威脅，因此長期不被主張並處於社會的下層階級。工商文明的典型就是古希臘時代在地中海沿岸所進行的活躍貿易和殖民

---

1 與儒家強調天然的血緣家人的愛為倫理綱常的出發點不同，墨家的「兼愛」代表了早期工商業的立場，也因此未能在古代中國長期成為主流。

活動，古希臘的土地和土質首先並不適合大規模的農耕活動，只有在一些丘陵河谷和伯羅奔尼撒半島才有條件農耕，適合地中海氣候和土壤的是葡萄和橄欖樹的種植和加工，這也是為什麼古希臘的出口商品除了陶器之外，主要的就是葡萄酒和橄欖油。地中海風平浪靜的內海性航行條件和星羅密布的島嶼，也為航海貿易和殖民提供了天然的有利條件。對於糧食缺乏的古希臘而言，必須得輸出商品以交換和得到糧食。自由、冒險、平等、民主、創新等等的意識也隨之產生。要進行貿易，首先要遠離家庭和家鄉，需要冒險的精神；去到陌生之地交換商品，也必須將不認識的人當成平等的貿易交換的對手，訂立契約；商品如果要被對方所接受，那就必須創新，就得鑽研技術開發讓對方市場喜愛的商品，這也帶動了工匠技術的發展；商品要在大範圍中流通，就需要陸地和海上的航行自由，以及國內外允許或鼓勵貿易的政策條件，一旦有苛捐雜稅或君王壟斷限制貿易的行為，必然會大大削弱工商活動的活躍性和積極性，甚至可以引起騷亂反抗；從古希臘時代就開始各種的改革運動，主要也是提高原本在君王貴族統治下的工商業者的政治和經濟地位，民主對下層工商業者而言是進入社會政治生活並保障其各種權利的必要條件。自由平等民主到現今的工商貿易時代，仍然是西方文化所主張的道德標準。因此，不同的文化形式就會有不同的精神道德準則，從而決定了文化成員在社會生活活動中的態度和觀念。

霍夫斯泰德（荷蘭心理學家）等人曾經提出文化五維度理

論。他將 IBM 全球共 11 萬 6 千名員工作為調查對象，通過對比分析維度來分析文化差異的因素。後來又在以下分類的前五種基礎上，吸收了彭麥克等學者對他的理論補充，加入了第六類。

（1）個人主義和集體主義（個人化傾向和群體化傾向）

（2）權力距離（對社會權利不平等分配的接受程度）

（3）不確定規避（對模稜兩可或不確定性的容忍程度）

（4）男性化和女性化（社會主流傾向的男性氣質或女性氣質，代表男女性品質的文化）

（5）長期取向和短期取向（對延遲需求滿足的接受程度，是否關注未來長遠目標，重視節儉和毅力）

（6）自身放縱與約束（社會對成員基本需求和享受生活慾望的允許程度，社會道德對於個人慾望滿足的約束）

以上六種文化維度可以大致體現文化如何影響社會觀念的傾向，各個文化維度沒有絕對只有程度上的相對，也相互關聯。農耕傳統社會總的來說，傾向於集體主義，認為一個好的社會的前提是，每個人放棄一些個人權利，以社會責任和義務為最高道德目標，從而創造出每個人都能安心生活的社會秩序形態。家庭責任、尊敬老年人、群體利益等等都是集體主義社會所極力主張的道德標準。工商傳統社會則相反，主張個人主義，認為一個自由民主的社會必須保證每個人最大限度的個人權利，社會才能發展。競爭及獲利致富都以個人優先，甚至是以犧牲他人利益和剝削他人為代價，都可能受到肯定和尊重。也就是說，一個是以社

會為整體利益為首要考慮，另一個則是以個人利益為主導和優先考慮。高權利距離與低權利距離指的是，個人願意接受權力差異的程度。注重社會穩定的文化，會主張次序的固定化，訂立習慣成俗的行為規則。地位和權利的距離感體現在社會日常禮儀和工作職務分配中，尤其是高度儀式化的禮儀用語和行為，在這樣的注重次序的社會生活中會有明顯的體現。例如尊重老年人和年齡資格化的社會，會認為年長是知識力量和權威的標誌，甚至在場所的位置分配也是有一套貴賤之分，而在西方一些國家年輕人才是社會進步和流行的象徵；在印度種姓制度中，高種姓和低種姓的社會權利完全是天堂與地獄之別。同樣地，傳統保守注重秩序的社會中，對不確定因素的規避程度也較高，對男權形象維護程度、對長期取向或未來目標設定的傾向以及對共同體成員的行為約束也相對較強。至於社會文化的主流傾向是不是代表男性化品質（如競爭和獨斷性）或者代表女性化品質（如謙虛關愛），其實角度不同，會帶有極強烈的主觀判斷性。除了以上六種文化維度之外，其他群體態度的分類還包括文化內制度上的集體主義（實行鼓勵和貢獻之酬謝），集團內個人的集體主義程度（自豪感，忠誠度，向心力）、權利距離（地位和權利分配差距）、性別平等程度（男女社會權利和地位差異）、逃避不確定性（計劃統籌的按部就班的心理需求）、果斷性（對他人的對抗、侵略等的反應程度）、人文導向（人權自由等的主張和注重）、未來導向（未來的規劃）、績效導向（實際利益的結果重視）等等。不

同的文化主流傳統使得群體產生牢固而獨特的態度和觀念傾向，例如道德平等主義、天人合一和諧觀、環境資源的權利支配觀、情感和獨立選擇自主權等等。實際上，這些態度和觀念是互相關聯和互相影響的，並無法絕對地將它們分離。這些態度和觀念對群體的思維和行為起著決定性的指導和指引作用，是導致文化差異現象背後的直接推手。

4. 對於思維和行為的支配

群體因享有類似的生活經驗而擁有相似的文化和行為模式，這樣導致不同群體之間的文化現象有著明顯區別。所有的經驗基本上都通過符號進行記憶儲存提取和關聯思考，從符號我們可以迅速感知和認知社會現象，並從經驗中賦予意義並激發情感，同時也充實經驗。符號的意義組合和思維整合方式是一個文化為何區別於其他文化的重要因素。除了世界觀等社會觀念和態度之外，文化差異也體現在邏輯與關聯思維上。通常而言，西方式的果因與因果推理方式，與亞洲式的關聯推理、背景鋪墊、歷史考量、引證為主的推理方式，就呈現出巨大的差異。東方螺旋式思維（整體、形象、直覺經驗、封閉式）與西方線性思維（抽象模型、漸進、邏輯、分析）也體現在語言文字的表達上。符號的意義代表及聯想轉換方式與邏輯關聯思維方式的不同構成了文化差異的重要部分。

社會性觀念作為經驗性、訊息性和推理邏輯性的信仰準則和依據，使得群體產生善惡審美的社會傾向和偏好，自然而然地作

為行動的依據來指導社會成員的行為。文化習慣作為一種群體的先入觀和意識，對感知選擇、信念信仰、審美獎懲道德觀和思維方式都起到巨大和潛移默化的影響。群體成員會依據這些方面的經驗知識形成行為心態，並遵從群體社會組織的道德指引達成各種各樣的判斷傾向，從而對其行為有支配性的作用。行為取決於人們對於事物的重要意義的態度，它可以影響或決定選擇事情的重要次序，例如對地址、時間順序的選擇，時間觀念及其重視程度（例如，對於期限的重視程度；對於時間順序的態度；對於時間準確度的追求；對於時間合適度的斟酌考量與否的程度），以及日常社交禮儀的遵守和禁忌規避、甚至是服裝和居住環境設計的選擇等等。因此群體成員的談話內容和方式，語言與非語言表達的直接與曖昧，人際間的空間距離感以及時間重視程度等等無一不受到文化的無形作用。所有這些，都在實際生活中形成一種巡航模式，會使得群體成員下意識或潛意識地做出讓其他文化擁有者覺得怪異的行為，而產生文化溝通的障礙。

　　文化是團體性的，團體需要溝通，為了團體生存所溝通協作的產物就是文化本身。正因為文化是可傳承的社會生活模式，是適合該地區民眾的生存方式，它必然要維護共同體的生存和繁衍以及穩定秩序，因此它像一隻無形的手在規範著所有社會成員的感知、認知、思維模式、情感觀念和行為的模式。無論是個人與集體的態度觀念、思維考慮出發角度乃至信仰及其衍生文化產物和現象，都體現了文化的內在隱藏的價值面向，也導致了行為產

生獨特的傾向性。

文化差異是跨文化溝通的基本問題。文化在群體演化過程中受到地理氣候環境等各種因素影響各自形成，在封閉環境中固守傳統，在開放和衝突或交流中融合豐富化。因此，差異本身是文化形成之時已經產生，只不過是在面對異文化之時才有文化衝突和文化差異的意識。我們所看到的語言、非語言以及社會組織行為都是文化現象，是文化內在的差異所致。也就是說，文化並不導致差異，文化本身就存在差異，差異是文化、是群體的屬性和特徵，這是由群體組成的不同所致。不僅群體之間存在差異，群體的個人獨特性也是導致差異的根本原因。因此，跨文化溝通的首要問題就是認知文化差異及其影響的要素，不光是從單個的文化現象來進行對比觀察，還要了解整體文化本身的內涵和導致文化差異現象背後的因素。

文化差異是目前跨文化溝通的主要研究領域，這是由跨文化溝通的本質和原因所決定的。文化差異主要通過文化對比的手段進行分析，如果單單從文化現象來研究，反而會被眼花繚亂的風俗習慣所困擾。只知道表面的文化現象不等於理解文化，正如琴棋書畫並不是中國文化本身，而是其文化現象，學會任何一種傳統技藝也不等於明白什麼是該文化或是成為該文化群體的一員。而且，更不會理解文化現象之間的差異為何形成、以及如何形成跨文化溝通的障礙。掌握文化本質更能幫助理解文化現象為何會走向不同方向。以中西文化對比為例，首先要從歷史地理環境入手，而不是直

接從結果論出發，得出例如因為現在西方各國強大所以文化高級等等文化比較的結論。為北部高寒凍土、東部南部海洋、西部青藏高原、雲貴高原、橫斷山脈等地理環境所包圍的，相對封閉的中國內地地形和河流，極易形成一個大型的農耕大社會。正因為這樣，中華文化的形成其實是中原文化以其為核心不斷傳播延伸的過程，這與西方文化是兩河文化和埃及文化影響下的古希臘古羅馬文化與基督教文化和日耳曼民族文化三者相互融合、相互影響、相互滲透的結果形成極為鮮明的對比。一個是一脈相承、一以貫之，而西方文化從西亞經地中海到西歐到北美的擴張過程，是一個吸取異質和融合乃至變異的過程，因而更具有變化的活力和可能性。從古希臘文明在地理環境相對開放的環地中海所發展而成的西方文化，實際上可以稱之為工商文化的體系。工商文明的本質是跨區域獲取和交換資源，而農業文明是通過限區域獲取資源，依靠快速地理擴展，人口成倍暴漲來不斷拓展文化影響區域，因此極度注重社會穩定和道德秩序。現代工商文明在其追求技術和利潤為目的的刺激下，以充滿擴張掠奪的姿態和活力，後來居上，迅速取代了農耕文明，成為世界主流。東西方文化也因此走上完全不同的發展道路，其文化現象也分別集中在哲科思維體系和道德傳統體系這兩個不同、甚至常常截然相反的兩種類型。因此，無論在集體主義個人主義、保守創新等價值觀的文化層面上，還是在思維形式和飲食習性上，都呈現出截然不同的傾向。中華文化在傳播的過程中，在周邊的文化圈及其影響地區

內，也都因應不同的民族和地理條件，發展出類似卻又不同的文化形態。因此，文化無論從其產生、發展到傳播和演化過程中都會產生差異變化，從而需要跨文化進行溝通，也就是說，如何跨越文化之間的障礙問題，首先是要面對關於文化差異的認知。

文化分化和差異一旦形成，就很難走回頭路了。例如，在中東地區發源的三大一神教——猶太教、基督教和伊斯蘭教，在現代社會看來，是完全不同甚至經常發生衝突的宗教。但實際上，它們都是信同一個神，只不過在對上帝的稱呼和理解，以及在對耶穌的認知上存在嚴重分歧而已。它們在信仰來源最基本的宗教經典上，都使用或部分使用舊約聖經。問題是，既然這三大一神教有共同的上帝信仰，為什麼就無法相互認同呢？細小差別的自戀的膨脹加大了差異感，於是差別被無限放大了，這在絕對信仰上尤其表現得明顯。基督教用新約聖經來主張耶穌就是救世主，最終把耶穌等同於上帝之子和神，而猶太教不承認他是救世主，伊斯蘭教認為他只是個先知。因此，三大宗教是有共同點，但差異更明顯，尤其是在宗教理念和儀式上。就連基督教中的東正教、天主教和新教都各自不同。宗教都主張自己的信仰和神才是真的，因此差異和衝突也越來越強烈，最終群體的利益衝突在思想信仰衝突中爆發出來，仇恨和差異淹沒了共同點。文化群體的強烈差異感使得群體分化的鴻溝越來越大，對內越來越認同和團結，對外也就越有排斥性，這也是跨文化溝通的主要障礙。文化間的他者之分，同時也對團體內的認同感加強，於是又帶出了跨文化溝通的另一大主題，身份認同，其中就包括了文化認同。

第十章

身份認同

自我意識是人在社會中的意識產物。與他人的差異感導致自我意識的覺醒和認知，「我」與他者不同，那「我」是誰？群體也是如此，「我們」與「他們」不同，那「我們」是怎樣的一群人？正如弗洛伊德所認為的，認同是人類對細微差異的自戀。認同是由差異認知來維持。認同的種類相當多，其中與跨文化相關的主要是文化認同。文化認同是一種群體文化認同的感覺，是一種個體被群體的文化影響並從屬的感覺。

　　文化差異與文化認同是一枚硬幣的兩面，二者互為依存和互相作用。文化認同感伴隨著文化差異感而產生，文化認同感也會加深文化差異感。在跨文化溝通中，不僅存在著文化差異的問題，還有文化認同的問題。過於強化和牢固的文化認同感會加深文化差異感，從而對跨文化溝通造成深刻的影響。這本身是群體文化的排他性所決定的。文化天生是維護共同體的生存和穩定的，是共同體與環境與他者共生共存中的自我保護意識，它本身是共同體的生存模式，關乎生死存亡的問題，因此必然是適合自身和保護自身的智慧產物。共同體也只有在團結一致協力合作的

穩定向心結構中才能不被消滅。這種團體如一的精神就需要一種認同感來支持。這種身份認同的需要，是通過血緣地域的認同以及文化上的歸屬感來得到滿足。我們是限定的團體，我們與團體之外的他們不同，我與我們一樣。身份認同很多時候都需要去尋找共同的源頭，例如炎黃子孫等，來營造屬於群體的認同依據，而這些依據就需要一種共同的文化和文化記憶來支撐。亨廷頓曾指出，不同民族的人們常以對他們來說最有意義的事物來回答「我們是誰」，即用「祖先、宗教、語言、歷史、價值、習俗和體制來界定自己」，並以某種象徵物作為標誌來表示自己的文化認同。文化差異常常是具有可見或可區分的外在現象，而文化認同只是一種內在心理上和精神方面的感覺。要理解文化認同，首先要了解身份認同以及認同對象的問題。

種族、族群、民族、國家與文化乃至政治等等，都是每個人出生之後都要面對的自我身份認同的對象。種族（Race）是生理意義上的人類基本群體區分。這個詞是西方國家於 17 世紀征服世界其他地區後開始使用，原本意思是指具有相同生理特徵的一群人，例如擁有相同的膚色、頭髮或眼睛等外貌明顯特徵，甚至延伸到血緣民族的意義上，例如種族大滅絕等。族群（Ethnic）則具有文化意義，通常指一個具有共同語言或者文化的群體，這個群體的成員通常已經共同生活了很長一段時間。這個群體可以是一個小的族群，例如中國的少數民族。民族（Nation）指的是民族、國家，一群有著共同歷史和政治背景的人民，也就是某

一群特定的人有著共同文化以及特徵，例如，擁有相同的語言、傳統、習俗等，並以追求獨立自治、建立國家為政治目標，像是韓國的大韓民族等。它相對而言具有政治意義，意指生活在同一個地域範圍內並產生一定規模的社會群體組織的人民及其後代，通常產生某種政權，就好像國家。我們常說的國族，其實就是民族意識高漲產生國家政權後所重新認知自我的民族。國家（Country）指的是「國土、領土」，在地理位置上有所劃分的國家領域，強調在各國之間的「疆土」概念。它更多的指一個國家地理等自然特徵，強調「疆土、土地」概念，可以是多個部分組成的，例如一些國家擁有飛地和海外領土；丹麥有格陵蘭，英國有英聯邦。國家（State）則是指社會中的政府政治組織，或政治實體，或更狹義地來說，是指政府制度。這個意義上的國家是一種人類社會統治的組織制度形式，在幾個方面有別於其他社會團體。政府代表這個組織及其成員的利益，目的是為了建立秩序和安全；方法以法律和法律的執行來行動；領土範圍是指管轄領域和地理疆界；特色是享有自認為的至高無上不可侵犯的主權。國家在最基本的意義上體現出一種群體意志，並以法律強制作為手段解決各種爭端。國家是一種政治主權的單位組織，意指在特定疆域範圍的領土內，擁有對該領土境內人民的最高主權，並組成政府或有組織的官僚系統進行統治行為的政治組織。

認同有深淺之分，認同度越高，對於群體的利益就越關注，對認同的核心價值觀就越堅持。就像國家認同一樣，一旦改變對

政府政權核心價值觀的認知，即使是該國國民也難以認同。改變國籍的人，由於不得不以另一個國家公民的身份來生活，對於國家的認同也自然會有所削弱。移民的後代更是如此，第一代移民因為對其原出生地的感情深厚而相對認同牢固，但第二代乃至第三代的移民後代，他們出生、教育、生活的環境都不是第一代移民的故鄉了，自然也談不上認同的堅固，他們會有自己的國家和文化認同。我們也無須去譴責他們忘祖背宗之類。

認同可以是小認同和大認同，從出生起的家庭血緣、認同地域認同、一般社會生活中的組織和文化認同到民族國家認同，群體的認同可以說大大小小無所不在，範圍極廣，無法事無鉅細一一分別說明。大的認同主要集中在國家認同、民族認同和文化認同這三大認同上。尤其是文化認同，因為文化本身是抽象的而且文化現象遍及群體生活的方方面面，所以難以敘述和說清楚。國家和民族本身是文化群體的一部分和產物，文化認同也包括了國家文化認同和民族文化認同的部分。國家文化是作為政府體制的實體疆域主權國家所主張的，帶有傳統和歷史的文化並以此來象徵國家，民族文化則是作為地域血緣關聯的民族共同體上溯歷史總結到其傳承的獨特文化。很顯然無論是民族文化還是國家文化都是強調文化的差異性，而這些文化認同都是建立在獨有獨特差異的基礎上。因為認同內涵過於複雜，只能在大認同及其關係上進行簡要分析和結構性說明。那麼對於國家認同、民族認同和文化認同這三大認同，將結合中國的實際國情來建構三者之間的

邏輯關係。

伴隨經濟全球化的巨大浪潮而來的文化霸權和文化衝擊，促使各國開始重視和強調對自身民族傳統文化的保護。聯合國的《世界文化多樣性宣言》（2001）以及《保護和促進文化表現形式多樣性公約》（2005）正是這種文化保護訴求的表現。這種文化自覺實際上是伴隨著文化危機意識下的身份認同心理需求的體現，其本質是通過文化認同來激發和增強全球化大背景下的凝聚力（包括國家和民族在內的共同體）。換而言之，文化認同的背後實際上是國家認同和民族認同的本質存在。中國也不例外，國家認同、民族認同與文化認同也成為社會各界關注的重要主題，這是因為對於認同的理論研究背後有著關乎國家民族存亡的強烈危機感。

認同關乎個人更關乎群體，而群體有大小之分，無論哪種認同其實內部存在多重認同。認同意識基於差異，過分細化認同反而會放大群體的內部差異。現有研究多數集中在大認同和小認同的關係上，而在大認同之間關係的理論建構上仍尚未成熟。因此，在堅持多元一體化的大認同的原則下，來探討中國的國家認同、中華民族認同與中華文化認同這三大認同之間的邏輯關係，在現階段建設有中國特色的認同體系理論方面具有相當的重要性和必要性。首先有必要釐清身份認同的定義，接著進一步探討國家認同、中華民族認同與中華文化認同的內在涵義，力圖梳理三者的邏輯關係，從核心邊緣和基礎的角度，來探討建構符合中國國情的穩固認同體系的方法，以避免認同危機和混亂。

身份認同

身份認同（Identity），或簡稱認同，詞源的拉丁文本義為相同、同一。認同與差異感是孿生子，是個體自我意識與他者關聯的集中體現。雖然認同在中文的語義中常被引申為認可或贊同，但認可的意思可以是承認接納或支持，而贊同也是帶有欣賞同意的含義，這與同一的本意相比，有相當大程度上的延展泛化。因此，認同的核心正是同一或同質的意識，而認可和贊同是同一的弱化和延展。正如「文化」的定義[1]應該回歸它的英文 Culture 一詞的本義，「認同」的定義也應該回歸英文乃至拉丁文的本義，才能真正體現這個術語概念所要表達的意思。認同，在人類學、社會學和心理學的角度，蘊涵著個人與他者的同質和群體歸屬感，即，確認自己和他人在本質上同屬於某個社會群體，並持續共用相同的群體特徵和價值，以此作為思考和行動的指針。人是社會性的動物，天然有著認同群體的心理需求。身份認同更是一種強烈而主動的意識，往往帶有深厚的情感部分，是對於群體的牢固的心理連接，而群體也通過認同來獲得生存空間和團體凝聚力。

認同可分類為種族認同、民族認同、社群認同、文化認同、自我認同、國家認同等多種類型。每個類型都涉及「我是誰」、「我們是誰」、「我為何屬於我們」的身份屬性問題，而且相互重

1　漢語的「文化」一詞乃近代日本在引進西學時為了翻譯 Culture 一詞而造出的對應漢詞，故不應通過拆解「文」與「化」兩字的漢字本意來分析文化的定義。

疊，比如民族認同和國家認同就有相當大的重疊部分，而文化認同和宗教認同更有可能超越民族認同。其中內地研究主要集中在文化認同、民族認同以及國家認同這三大類型上，它們都是認同的典型表現，尤其是在現代國家民族已成為利益共同體的狀況下，但面對外來文化衝擊的情形下，仍然產生認同危機的問題，因此對這三大認同領域的研究具有重要的現實意義。

　　認同的概念和理論研究由西方引進，從弗洛伊德、埃里克森到泰弗爾、特納和亨廷頓等人，對自我概念的同一和從屬意識界定過程方面，都提出了基於心理學和社會學的認同理論。在這些理論基礎上，隨著研究領域的擴展和深入，「認同」的概念和理論也開始廣泛應用於政治學、社會學、文化人類學等研究領域。國外的理論雖具有奠基意義，但各個國家民族及文化的情況各異，比如說猶太民族為主的以色列國家認同的具體狀況與中華民族認同的現狀自然無法類比，猶太民族和以色列國的國民是兩個差別極大的概念，以色列國民中還包括了與猶太民族完全不同的其他民族，這些少數民族在國家認同上甚至存在與主流的猶太民族相對立的成分，這與中華民族通常包括了中華人民共和國國民的情況差異極大。同樣地，在民族認同和文化認同上，尤其是對於各自堅持的宗教文化絕對性，例如各自對神與先知的具體認知內涵上所導致的水火不容的對立和衝突，也一樣存在互不相容乃至排斥的狀況。也就是所包含和重疊的部分不同，用圈和圈的關係來形容的話，猶太民族和以色列國民是交錯的兩個圈子，而中

華民族和中國國民是重疊包含的圈內圈的關係，猶太教文化甚至可以說是以色列國家和民族內部的其中一個內涵，三者的關係難以用簡單的大認同關係來表述，所以具體國情應有針對性的理論和實踐，不能硬套西方的理論。認同的對象和範圍因應具體群體各種不同，然而認同的基本定義確實可以確定的，認同就是個人對他者或群體的同一或歸屬確認感。而文化認同是一種群體文化認同的感覺，是一種個體被群體的文化影響並從屬的感覺。

在內地從上個世紀 90 年代開始在認同領域的研究逐漸發展，呈現出百花齊放的研究狀況。在國家認同、民族認同以及文化認同三者的研究上，現時主要集中在單個認同內部的複雜問題或者三大認同之間的關係上。多數研究聚焦在如何增強中華民族文化認同方面，提倡通過文化認同作為基礎和切入點，重點討論文化多元一體性[1]。同時也有部分學者強調國家認同或民族認同的重要性[2]。在對三個認同類型關係的研究方面，除了用歷史哲學的

1　例如張小軍提出的中華文化以及其認同的三重差序格局，認為貫穿該格局的中華文化共同體是認同的靈魂和根基。張小軍：《中華民族共同體的文化認同》，《原生態民族文化學刊》，2022 年第 1 期，第 35-40 頁。崔新建探討了文化認同及其根源，強調文化認同的重要作用和意義。崔新建：《文化認同及其根源》，《北京師範大學學報（社會科學版）》，2004 年第 4 期，第 102-104 頁。范可則注重文化多樣性的表達，強調以此為基礎尋找文化共性，來打造包容和開發的民族共同體。范可：《文化與認同——略論民主國家整理多樣性的途徑》，《原生態民族文化學刊》，2022 年第 1 期，第 17 頁。

2　例如朱曉陽指出強調文化認同會導致無法說清族群文化差異，從而陷入民族國家認同困境，提出應採取淺概念的方法簡化到國家民族認同的實踐上。這裡的文化認同實際上指的並非中華文化整體認同，而是其內部的文化認同。朱曉陽：《「淺」而「實」與民族國家認同》，《原生態民族文化學刊》，2022 年第 1 期，第 32 頁。

角度強調民族認同不應凌駕於國家認同[1]之外，則並沒有在理論上對三者之間的邏輯關係作出深入的整體化研究。而且，對於民族認同或文化認同，相關學者基本上都是站在各民族或小群體文化的小認同的角度去看待認同問題，而非中華民族認同或中華文化的大認同的層面來與其他認同進行對照分析。

綜上所述，認同領域的研究極具時代意義性，但其問題錯綜複雜，要根據各國家地區的實情來區別對待，國外的研究也只能在術語和理論上作為參考。雖然內地相關的學術研究成果角度各異，涉及到認同領域的各個重要方面，但大部分研究的重心在於強調其中某個單一認同內部的小認同和大認同之間的關係，而在直接針對國家認同、中華民族認同與中華文化認同這三大認同的相互關聯和邏輯關係的理論建構仍然存在整體探討的必要性。因此，有必要在堅持一體化和大認同的前提下，尋求從核心邊緣與基礎的整體體系視角來釐清三者之間的整體關聯性，參照中國國情為研究對象，來建構堅固的具有中國特色的認同體系。換而言之，要了解三者的邏輯關係，就必須先從釐清各大認同自身的核心內涵出發，然後從大認同的角度來審視整體的體系結構關聯。

1　例如韓震提出民族認同不能凌駕於國家認同的觀點，文中的民族認同也是在各族認同的小認同角度來看待與國家認同之間的關係。韓震：《論國家認同、民族認同及文化認同──一種基於歷史哲學的分析和思考》，《北京師範大學學報（社會科學版）》，2010 年第 1 期，第 106-113 頁。

認同的核心

認同與他者差異的認知是共存的，兩者意識感的程度也是成正比的。認同意識由與他者的差異感而激發產生，是個體確認群體歸屬的意識過程和結果。與他者的差異感越強，與同類群體的認同也越強。換而言之，越遠離他者，排他性越強，認同也越強。因此，認同其實存在著核心和邊緣的程度上的差別。越靠近群體的核心，認同就越強，反之，越靠近邊緣認同就相對較弱。邊緣[1]是與他者的接觸部分，存在著圈本身的重疊共性和張力擠壓，相對於核心而言，是一個複雜的異性空間。然而，相反地，如果從核心的角度對邊緣進行延伸認知，對於整體的研究可以說是一種簡化的研究視角和方法。這種視角同樣也適合與解釋其他認同內部以及三大認同類型之間的關係。因此本書並非從聚焦共同體邊緣的角度，而是從國家、民族、文化三大認同的核心延伸的角度進行關聯性探討身份認同和認同危機的關係。

1. 國家認同

國家認同首先是國民或公民身份的歸屬確認，形成捍衛國家主權和利益的主體意識，並發展出愛國主義精神。它也指一個國

1　王明珂提出過關於中華民族的核心和邊緣的體系，指出群體的邊緣是形成群體的關鍵，從邊緣的變化過程對中華民族的擴展和形成作了深刻而獨特的研究。這其實是認同的一種重要視角，共同體認同有程度上的差異和一定的可變性，邊緣的變遷體現了共同體的發展歷史。本書則採用相反的核心視角來看待認同體系。王明珂：《華夏邊緣——歷史記憶與族群認同》，台北：允晨文化事業股份有限公司，1997。

家的公民對自己祖國的歷史文化傳統、道德價值觀、理想信念、國家主權等的認同，即國民認同[1]。現代意義上的國家及國族[2]意識是在近現代共同體對抗中形成的產物，從英法百年戰爭到近現代殖民地解放運動，在共同體之間劇烈對抗中逐漸發展出以地域群體利益為基礎的命運共同體形式。愛國主義精神是身份認同在國民認知層次的情感昇華，具有強烈內化和排他的特性。在國家認同上，必須樹立正確的國家意識和屬性，才能有助於強化愛國凝聚力。

國家認同是身份認同最直接和典型的體現，首先，國家與民族和文化不同，不僅是一種意識，還是一個可見的實體，表現在領土疆域上。國家認同越強烈的，往往是現實生活與國家命運息息相關並以國民身份而自豪的國家公民，因而實感更強。尤其是放棄國籍、擁有其他國籍的僑胞或華裔後代，無論是在實際生活環境和他國法律約束上，總體上在對中國的國家利益的實感上多少會產生距離感。國家認同不僅包含著對實體疆域的認同、對政治制度、法律、社會和政黨體制的認同，還包含著以國家為主體的文化和利益及價值的認同。這些部分應該包括在整體的國家認同之內，把國家認同的這些構成部分加以分割或單獨進行認同，

1　李智環：《民族認同與國家認同研究述論》，《西南科技大學學報（哲學社會科學版）》，2012 年第 2 期，第 88-93 頁。

2　相關的「國族」概念，是基於近現代國家而形成的民族一體化意識，與國家意識息息相關，在中國來說就是中華民族，從而產生中華民族文化意識，這是由於中國自古以來就有以文化來識別自身的傳統。

實際上是有損於整體的國家認同乃至民族認同。國家認同越強烈，對國家有形無形的財富和價值認同就越強烈，包括歷史、地理、國民、傳統文化、制度的態度也就越正面肯定和珍視。中國的國情與其他地區的離散民族不同，中國的國民組成部分大多是世代居住在這片土地的人民，對國家和歷史有著無可爭議的天然認同感。在國家認同內，也存在國家層面的民族認同和文化認同的部分，因此三者是有重疊部分的。堅定的國家認同是要認同國家外在內涵的一切整體，尤其是政權體制的認同。國家認同的邊緣，正是由那些部分認同國家內涵，包括國籍和國家傳統文化價值觀的個人和團體所形成。

愛國是國家認同的最高體現，愛國就要真正認同國家的一切內涵，尤其是其核心價值觀。正如習近平總書記指出的，「核心價值觀是一個民族賴以維繫的精神紐帶，是一個國家共同的思想道德基礎」。「在社會主義核心觀中，最深層、最永恆的是愛國主義。」因此，愛國主義是國家民族認同的靈魂，失去以愛國精神為核心的社會主義價值觀，國家認同也就名存實亡了。中國是中國共產黨領導下人民民主的社會主義國家，因此，國家認同必須以此為核心實行愛國主義教育，加強團結，才能國富民強，在國際上獲得更多的話語權。

1　習近平：《在文藝工作座談會上的講話》，《人民日報》，2015 年 10 月 15 日。

2. 民族認同

民族認同，顧名思義，是指對作為一個民族的成員身份的意識確認。民族的實體是人的集合體，卻存在個體流動的特性，這與國家的疆域實體不同。從人類基因和歷史的角度，現代人都是從東非出走的晚期智人的後代，世界史就是他們殖民地的歷史。而且嚴格來說，所有的地球人都是混血兒，不存在單一純種民族的說法。只不過在血緣及地域關聯層面上所上溯歷史和文化而產生民族的觀念。民族擁有共同的文化記憶和文化基因，同時秉承傳統並有共同生活的意願，民族的團結和向心力使得民族得以抵抗外族和保持固有傳統生活方式和文化。民族認同的依據和方式主要是群體的體貌特徵、共同記憶、血緣關係和歷史文化傳統等特徵性要素。因此，民族不僅是血緣關係，還與國家和傳統文化形式相關聯。各個國家的民族組成狀況各異，民族可以是某個國內的民族，也可以是超越國界的民族，因此在認同上與國家認同的複雜程度不同甚至更為複雜。相對於固定的國家疆域，民族認同上往往更加存在著認同混亂和危機的複雜性。

因此民族問題，無法一概而論，需要按照每個國家的實際國情來分析。中國在國家形成建立的基礎上，發展出中華民族的認同和文化認同。縱觀中國歷史，從華夷之辨到中華人民共和國建國後確立的 56 個民族為主體所構成的共同體，中華民族歷史悠久卻又經歷了各民族融合的複雜過程，現在的中華民族的概念其

實在中華人民共和國建立之後才真正確立。[1] 國家是近代民族意識的產物，也就是說，中華民族認同意識是國家認同的基礎，同時也是以國家認同為核心的延伸。中華民族是多元一體的，既包括生活在內地的 56 個民族，也包括了 56 個民族在海外華人和華裔、甚至願意加入中華民族認同的其他人士。因此，中華民族成分也超越國民身份，而且認同層面更廣。

中華民族是由主體的漢民族和少數民族組合而成的整體，因此緊密團結所有民族，形成多民族一體化才能鞏固民族認同。正如習近平總書記在 2014 年中央民族工作會議上所指出的，中華民族是一個命運共同體，是一體和多元的關係，一體是主線和方向，多元是要素和動力，中華民族和國內各民族的關係，是一個大家庭和家庭成員之間的關係。也就是說，多元指的是尊重相容差異，一體指的是同心和和諧。他同時也提出必須鑄牢中華民族共同體意識。[2] 因此，一體是個前提，如果過度強調共同體內部的民族差異，而忽視多元一體化的格局觀，偏離了民族一體化的國家整體核心連接，就會產生民族認同的危機，從而危害到整體的民族認同。

1　需要指出的是，雖然中華民族的概念在歷史上相對於政府國家而言相當模糊和複雜，但實際上是在現有國內民族成分的基礎上進行綜合一體化後的延伸產物。現在的中華民族是演化融合形成的產物，正如現有的國家疆界和歷史上的疆域是存在差異的。

2　習近平：《在 2014 年中央民族工作會議上的重要講話（2014-02-28）》，「新華網」http://www.xinhuanet.com/，2014 年 9 月 29 日。

3. 文化認同

文化的含義應從廣義的群體特性來理解，它是在歷史中形成的共同體特有和共用的生活模式及其產物，是後天習得和可交流傳播的，因此相對於國家和民族，文化更具有流動性和延展性。國家和民族都有上溯歷史傳統的需要以建構共同體的群體記憶，來增強固有認同一體感和凝聚力，文化作為共同體的衍生物和認同基本要素更是如此。文化認同是認同在抽象和精神層面具有奠基作用並提供依據，是群體對於共通文化的普遍共識以及個體對於群體文化的同一和從屬性的確認意識。它相對於民族和國家的認同是更廣泛而模糊的認同。如果說國家民族是想像的共同體，那麼文化就是在想像的共同體為核心而延伸出的歷史上溯，因而也更難以說明白。文化具有流動傳播性，也會被其他群體所接受吸收，因而更具廣泛性。群體產生文化並共用和傳承，因此文化也具有整體性。文化內部的差異需要由共通的文化作為核心來結合，才能形成多元一體化，因此就認同本身而言，相對於多元和內部差異，更要強調一體化。然而文化也根據與他文化的差異性程度，在文化圈內部存在一定的區別。作為整體文化而言，某個文化的邊緣是與其他文化群體接觸甚至是可共用的部分，而核心文化一定是與其他文化差異性較大而難以被其他文化群體所認同。真正而牢固的文化認同，是整體的文化認同，不是對部分文化現象的形式或思想的欣賞或仰慕，而是群體同一性本質的持續且廣泛的歸屬確認感。如果只是因為欣賞而接受文化現象，卻不

真正融入群體的文化生活中並加以實踐，就很難說形成牢固的文化認同而成為該群體的一部分。堅定的文化認同必然是群體一體化為中心的文化認同。文化認同危機同樣產生於邊緣，文化差異性越少或是共用文化部分越多的邊緣，就會產生文化認同的危機乃至文化轉向的可能。強調國家民族內部的文化多樣差異其實無助於文化認同，需要強調的恰恰是國家民族共同體的文化一體性，以及與他文化的差異。現代全球化使得西方主流文化成為現代國際的共用文化，因而也更有話語權和吸引力，這也使得各民族文化固有的多樣性受到衝擊。國際化的潮流下，如何增強自身文化認同的問題，逐漸引起各民族國家的廣泛重視和提倡。

4. 一體的大認同為前提

從上述所分析的三個認同類型的結構來看，三者都各自存在核心和邊緣的結構層次，三者相互關聯。這是一個向心力和離心力共存的體系，而認同危機一般都出現在遠離核心的邊緣部分。大認同內部有更小的群體認同，例如國家認同內部有地域認同，中華民族認同內部有各民族的認同，而文化也一樣可以有類似的細分。但認同與差異是並存的，認同也因此帶來排他性，注重細微差異反而不利於大認同。尤其是，民族認同的前提必須是中華民族共同體的整體認同，一旦分割認同就會動搖根本。如果民族認同的範圍過度縮小，甚至縮小到國家範圍內部某個民族，就會導致國內民族分化和地方民族主義。在民族認同圈的邊緣，有時更會出現認同的搖擺甚至認同危機。因此堅持多

元一體的大認同，並且立足於大認同來對待他認同才是自我身份認同穩定的根本。

5. 三個大認同的核心與基礎的邏輯關係

對於我國的國家認同、中華民族認同與中華文化認同這三大認同，同樣存在堅持核心的問題。從上文關於各認同內涵的分析可以看到三者不僅互有重疊，而且更是相互依存的關係。三大認同之間的核心和基礎關係可以用圈層圖來表示：

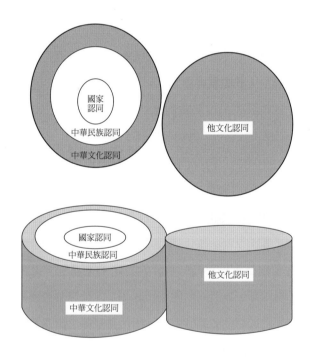

圖 3　國家認同、中華民族認同與中華文化認同之間的邏輯關係平面圖

　　如圖所示，在中國，三大認同實際上形成一個圈層形態，國家認同處於核心位置，外層分別是中華民族認同和中華文化認同。三者都有重疊，民族和文化認同構成國家認同的基礎。從歷史形成看，民族意識的形成的基礎是共用的文化，來確認民族的統一性，而國家是近現代民族意識的政權化產物。從大小來看，國家公民成員和中華民族成員以及中華文化認同的成員是依次增多的。中華民族認同的成員可以是非公民的海外僑胞，中華文化認同的成員也可以是非中華民族血緣認同者。三者的圖示甚至可以是立體的，從下到上構成了穩定的土台形狀。底層的中華民族認同和中華文化認同構成基礎，而國家認同是認同的昇華和核心部分。正如習近平總書記參加十三屆全國人大四次會議內蒙古代表團審議時的講話時所指出的，文化認同是最深層次的認同，是民族團結之根、民族和睦之魂[1]。文化認同作為三大認同的基礎是最深層的認同，是支撐所有認同的悠遠長久的民族精神和傳統的積累。三者之間是基礎與核心的層次關係，並非凌駕的關係，而是互為依存和鞏固的關係。其中任何一個被動搖或解構時，都會使其他認同崩壞，只不過崩壞的速度和程度不同而已。

　　三大認同之間的關係錯綜複雜，相互重疊關聯，但仍然可以發現國家認同對於其他認同的重要性。因為擁有明確可見的地理

1　習近平：《習近平參加十三屆全國人大四次會議內蒙古代表團審議時的講話（2021-03-05）》，「黨建網」http://www.dangjian.cn/shouye/dangjianyaowen/202207/t20220721_6432644.shtml，2022 年 7 月 21 日。

政治外在實體，國家認同的排他性在三個類型中通常是最強的，認同感也更強。國家認同是集領土疆域、政治經濟利益、法律制度和文化等方面為一體的認同，在中國，集中體現在中國共產黨領導為核心的社會主義國家社會體制。不認同這個核心，國家認同就名存實亡。同樣地，不堅持國家認同為認同的核心，其他認同就無法集中且現實體現。中華民族認同是在國家範圍內的民族的擴展，把海外華裔和僑胞甚至民族認同轉向者都包括進來，形成更大範圍的民族認同。因此，民族認同不但是整體性的中華民族認同，而且其認同範圍是超越國家認同的範圍。同時，民族認同也要圍繞國家認同這個核心，不能將國內的固有少數民族與國外歷史關聯民族進行等同和擴展，否則也會滋生分離主義。所以，中華民族是國家民族整體所延展而出的共同體。因為民族認同也與文化相關，所以民族認同的混亂通常也體現在文化認同的混亂上。文化因素作為群體生活的產物，不僅貫穿國家認同和民族認同，而且因為具有後天習得的特性，比起國家民族，更具有流動傳播和可變性。在歷史上中華傳統文化於亞洲具有極大的影響力，也被鄰近一些國家地區所吸收，甚至形成了超越民族的中華文化圈，因此文化認同的範圍更廣泛延展也更模糊，認同的危機也更容易發生。與他者的差異感和本身的認同是成正比的。因此，中華文化認同必須加強中華民族傳統文化教育和內涵研究，強化自身的文化內涵和影響力。首要的是，必須堅持國家認同這個核心來進行。中華民族和中華文化是該核心的堅實基礎和固有

來源以及依據。正確理解和處理這三大類型的認同，必須從核心開始重視強調和鞏固，有了強大的向心力才能堅定認同，也才能很好地應對邊緣的認同危機。如果遠離甚至淡化核心認同，離心力就會強大到影響認同的穩固。

如上所述，在中國，國家、中華民族和中華文化這三者本身各自存在著由內到外的延展性，排他性的程度也由內到外逐漸減弱，而三者之間的認同也是如此。同時，在這三種認同之間也存在著重疊和延展，呈現出一環套一環的體系。國家認同處於三者的核心，因其排他性高所以也最牢固。尤其是，近年來中國的崛起使得原有國際體系出現多極化格局，面臨的國際對抗挑戰也日益嚴峻，國家的興衰直接關乎民族和文化的利益乃至存亡，因此國家認同是現階段最核心和最重要的認同。只有強化愛國主義教育，增強國家認同，才能加強鞏固認同的整體向心力和凝聚力。民族認同和文化認同是國家認同的延展和廣泛基礎，這需要一個強有力的核心，即中國共產黨領導的人民民主社會主義國家。國家也需要通過推行廣泛而強有力的民族政策和文化政策來建立、增強民族和文化自信，提高中華民族文化的國際話語權，進一步影響和強化整個認同體系。失去核心的民族認同和文化認同就等同於無根之木。

國家是民族意識的歷史產物，而中華民族是構成國家公民的基礎和成員來源，並因擁有共同的中華文化及其價值觀而得以認同。公民身份與民族身份認同息息相關，甚至一出生就被從血緣

上賦予了民族身份，而國家認同也因而以中華民族認同作為依據和基礎。同樣地，中華文化認同，尤其是傳統文化，也構成了中華民族認同的精神來源和基礎，共同支撐著國家認同這個核心。只要堅持大認同的原則前提，這三大認同之間並不存在著矛盾對立關係，[1] 而是相互支撐加強的有機體系。

認同危機往往發生在認同體系的邊緣，要解決認同危機，必須正視和理解認同危機的本質，通過回歸和緊靠核心才能鞏固認同。但這不意味著文化認同不重要，恰恰相反，作為三大認同體系中最廣泛和影響力最大的區域，基礎和邊緣的弱化和縮小往往導致整個體系的崩壞。中華文化認同貫穿國家認同和中華民族認同，並在三大認同體系的最周邊與他文化形成接觸和糾纏，是認同最脆弱的前沿陣地。因受外部文化影響衝擊而導致的文化認同的減弱乃至文化轉向，是這個邊緣時常發生的問題，但同時它也是影響他文化和文化認同的最佳區域。因此這三大認同體系並無重要程度之分的問題，而是核心與基礎邊緣的問題。只有核心夠堅強，核心所延展出的基礎邊緣才能更強大。

因此，作為基礎的中華文化認同同樣重要。文化不像民族那樣與血緣認同緊密相關，它是後天習得和實踐於生活的，同時也

1　李鐸、程港關於民族認同和國家認同的矛盾關係的部分，其實還是以各民族的小認同角度而非中華民族的大認同角度來探討與國家認同的關係。李鐸，程港：《從民族認同走向國家認同——基於憲法愛國主義的視角》，《黑河學院學報》，2021 年第 7 期，第 61-64 頁。

具有可變性，隨著時代充實內涵，但其核心和根本的部分還是傳統文化和價值觀。正如習近平總書記所強調的，「培養和弘揚社會主義核心價值觀必須立足中華優秀傳統文化。牢固的核心價值觀，都有其固有的根本。拋棄傳統、丟掉根本，就等於割斷了自己的精神命脈」。[1]中華文化是抽象而彌散的，在此基礎上形成了中華民族認同和國家認同。一旦在文化衝擊中受到他文化的蠶食，就會逐漸削弱民族認同和國家認同。

三大認同互相依存形成有機而綜合的認同體系，核心和基礎缺一不可。建立穩固認同體系同時必須是擁有整體性的認同，部分或雙重認同的搖擺並不是真正的認同。全球化的大趨勢下，群體和文化資訊的交流已經無法歷史後退或畫地為牢，但同時維持文化多樣性的根本在於需要加強自身內在的建設，而國家、民族、文化的凝聚力也須作為整體來激發群體的活力，缺一不可。而且，共同體是人的集合，其根本是人的因素，認同本身是作為主體的群體和個人的需要。國家認同也必須通過人的因素，即中華民族認同的延伸得以擴大鞏固，同時通過文化影響力以中華傳統文化認同為手段和精神支柱，使得自身的文化不至於被他文化所侵蝕和同化。盲目的國際化會導致人類本能的群體認同需求產生不確定和混亂，削弱自身的文化影響力和凝聚力。這是因為，外來文化衝擊也會使得文化認同圈產生擠壓和縮小，從周邊基礎

1　習近平：《習近平主持中共中央政治局進行第十三次集體學習（2014-02-24）》，「中央政府門戶網站」www.gov.cn，2014 年 9 月 25 日。

邊緣破壞認同的整體性，從而使得部分文化認同者脫離原有認同，轉向他文化的認同。

綜上所述，認同是對群體的本質同一性和從屬關係的持續性確認的意識過程和結果。認同圈內本身存在認同程度的不同，越趨於離心的邊緣越容易發生認同危機。穩固的認同需要堅持並依靠核心才能促進共同體的凝聚力。認同必須從核心出發，需要在包容而非過度強調內部差異的基礎上注重整體性認同，擴大認同的統一戰線，以共同體文化認同影響力增強認同圈邊緣的張力，來建構整個認同的體系，才能解決認同危機的問題。在三大認同關係上，首先必須在大認同即一體化的大前提下堅持社會主義核心價值觀並緊密圍繞國家認同，才能形成穩定牢固的認同體系。同時，牢固和穩定的中華民族認同和中華文化的大認同也為國家認同的核心提供強有力的支持。崛起中的中國，要打破全球化國際化下的文化霸權的包圍和威脅，就必須建立符合中國國情的認同體系，即國家認同、中華民族認同與中華文化認同之間的核心和基礎的邏輯關係。這首先必須堅定中國共產黨的領導核心，加強建設廣泛而堅固的中華民族認同和中華民族文化認同，而同時也必須在鞏固中華民族認同和中華文化認同的基礎上，確保和昇華為以愛國主義精神和社會主義價值觀為核心的國家認同，才是真正激發國家民族的活力、確保共同體自信和話語權的有效途徑。

文化認同與文化反思

文化認同是群體成員面對外來文化時的自然反應，是一種尋求團體安全感而激發出的心理機制。當威脅感越強時，團結的需要也迫使認同感趨向強烈。國家民族認同的迫切化和民族情感的抬頭也會使得文化認同得以加強。但同時，文化認同又相對於國家民族認同更為複雜，國家民族強調歷史悠久一貫繼承，而文化的內涵除了核心的傳統美德之外，還包括了不適應時代的一些部分。文化是共同體的生存模式及其產物，而且要隨著時代變化的，必須讓共同體適應每個時代的自然環境和國際社會環境來得以繼續生存。因此，文化是變化的，我們所說的文化認同基本上是指傳統優秀美德的核心價值。文化認同的內容也是一樣。文化需要反思，共同體需要有讓自身更強大的文化，從而不受外來國家民族的威脅。那麼，在每個時代，都會有些憂國憂民的精英，試圖在保持可以維護國家民族認同的自身優秀文化傳統的同時，摒棄一些不合時代的社會現象，引進和改進文化內容和形式。他們的目的是，通過反思文化並改進文化習慣來提高共同體的國際生存競爭力。例如《醜陋的中國人》和《醜陋的韓國人》之類的書籍都是由本民族的文化反思者所著，在這些自我文化陋習糟粕的批判中，其實隱藏著對自身共同體的熱愛和強烈認同，懷抱希望能改進和改變文化表現和習慣，從而使得共同體文化更能符合時代的道德評判標準。所謂的民族劣根性，並非核心價值觀，而

是一些跟不上時代發展或阻礙共同體強大的文化陋習。因此文化反思是文化認同強化的必要手段，通過反思使得文化與時俱進，並被共同體成員所接受認可，文化認同才能堅固。只有以國家民族強大為目的的文化才是符合利益的文化，而只有國家民族認同強大了，文化認同才會牢固。國家認同、民族認同和文化認同是三個互相依存且相互促進的一個有機的大認同體系。

　　牢固的文化認同，雖然可以增強共同體的整體身份認同和團結向心力，但同時也給不同的共同體之間劃分了界線，從而使文化差異感增強。這對溝通和跨文化溝通帶來了複雜性和必要性。

第十一章

全球化與文化多元化

文化差異和文化認同使得國家民族的文化呈現多樣化，也因此導致文化障礙的產生和跨文化溝通的必要性。「文化認同」是人們在一個民族共同體中，長期共同生活所形成的對本民族最有意義的事物的肯定性，個人自身與之有同一性的感覺，其核心是對本民族的基本價值的認同，是凝聚這個民族共同體的精神紐帶和基礎，同時也是這個民族共同體生命延續的精神基礎。因而，文化認同是民族認同、國家認同的重要基礎，而且是最深層的基礎。在當今經濟全球化的時代，作為民族認同和國家認同的重要基礎的文化認同，不僅沒有失去意義，而且成為國際綜合國力競爭中最重要的「軟實力」。在文化認同中，由於全球化的蔓延和擴張，現代各國文化中或多或少都受到西方工商文明和西方文化的影響，甚至在生活模式上也有西方化的現象，只不過程度的區別而已。因此，當各國在主張自身文化或文化認同時，一般而言，通常都是指它們的傳統文化，並依賴其獨特性和差異性來區分自己和他者文化。然而，在現代全球化浪潮的衝擊下，受影響的各國都警覺於這種無形卻實感的文化和經濟威脅，即使是曾經

因參與了所謂現代化進程的國家，一開始受益匪淺，其後也開始思考全球化對自身的政治、經濟、文化、軍事等各個方面所帶來的不利之處，雖然經濟上已擺脫不了全球化進程，但是在文化保護上，開始強烈主張自身傳統文化的優點。全球化使得全球各國之間的各種交流日益頻繁和深化，不得不在日常生活中面對不同文化之間的巨大差異，因此跨文化溝通的問題也日益深刻，成為現代人必須加以理解和解決的一大主題。

如果，人類起源是來自東非的話，人類歷史實際上就是東非走出的晚期智人殖民地球和全球化的過程。也就是說，全球化從人類歷史的一開始就已經揭開了序幕。從氣候變化導致聚居的規模化，全球化到現今仍然是一個趨勢。無論是帝國的擴張，還是絲綢之路和地理航海大發現，都已經是全球化的表現和中間過程。近代大規模的全球化始於西方殖民時期，葡萄牙、西班牙、荷蘭、英、法等西歐各國紛紛先後向亞洲、非洲、美洲派出艦隊和商船，尋找財富並建立了一系列的貿易據點和殖民地，西方的生活方式尤其是宗教開始向全球推廣。工業革命帶來的航行優勢和技術優勢也使得西方在實力上遙遙領先於其他地區，西方文化帶著一種「先進」的文化高度，伴隨著科技軍事技術壓倒性地湧入各地，而被殖民地和其他受到擠壓或侵略的國家地區也開始覺醒，無論是被動還是主動，都積極學習西方技術和文化，希望能富國強兵，近代日本和中國都是其中之一。因此，到了 19 世紀末 20 世紀初，全世界的經濟文化連接日益緊密。現代意義上的

「全球化」一詞始於 20 世紀後半期，隨之冷戰宣告結束，原有兩大對立陣營也開始四崩五裂，中國、俄羅斯開始融入西方經濟體系，尤其是中國改革開放和加入 WTO 世界貿易組織，使得體系化的全球化真正得以實現。2000 年，國際貨幣基金組織（IMF）定義了全球化的四個基本方面：貿易和國際往來、資本與投資的流動、人口流動、知識的傳播。如今的全球化，總的來說，是經濟全球化所帶來的商品互換和人的交流以及文化和科技的西方體系化。在不同地理環境下，人們形成了不同的生活模式，這些文化就是各族人民生活智慧的結晶。文化本無高低貴賤，它只是適應生存和舒適化的產物，這些智慧結晶在地球上通過人員的移動得以實現交流，尤其是工商文明，由於大量依賴人員和貨物的流動來換回糧食和財富，這使得無論是移動的方便和效率還是商品的銷售的需求迎合，都需要各種技術來推動。這些異域的動植物、農作物、生活形式和技術極大地推進了物種和文化的共享，同時滿足了對食物和精神食糧的需求。例如許多美洲的作物通過殖民和貿易，給其他地區提供了新的適合當地種植的農作物和食材，一定程度上改變了其生活材料和文化內涵。

不單是物種和商品交換，文化的交流更在意識層次促進了全球化。交換是人類為改善生活品質的基本需求和條件，從原始社會開始，人們就通過交換得到更多生活內容的選擇，滿足對新事物的好奇心和增加生活的享受感。在近代殖民時代，西歐所代表的工商文化形式隨著先進的軍事武器強行打開貿易市場，並征服

了地球的其他大部分地區。殖民並非是初衷，伊斯蘭教控制的地中海東部切斷原有的東西方貿易通道，使得開闢貿易新航線成為不得已而為之事。爭奪航線以獲得暴利是主要目的，控制香料等原材料產地和貿易要點以及打開通商口岸和市場是必要手段，因此，殖民和宣教是其結果。也就是說，經濟目的帶來了人口移動和文化交流。西方的宗教文化帶著其價值觀摧枯拉朽般在美洲和亞洲破壞了固有的文化價值體系，在先進新奇和現代化的旗幟下，改變了各國的教育體系和知識標準，以適應主流西方文化的擠壓。近代日本的明治維新和中國的新文化運動就是典型的例子。日本天皇帶頭穿西服吃牛肉，全面引進西方科技和文化，使得日本迅速成為東亞霸主。近代中國的新文化運動在亡國滅族的危機感下，則把傳統舊文化基本上全面否定，甚至認為漢字本身是落後的原因，全面擁抱西方文化和生活方式。

　　如今的全球化，在根本上而言，是各國為了在全球貿易體系中獲利而富強國力的結果。引進科技和文化知識，通過參與西方經濟體系和貿易組織，輸入資金和技術，輸出原材料和商品，從而獲得外匯，使得國家可以在國際上有更大的經濟實力和話語權。因此，現代全球化的特徵就是經濟全球化，而要達到經濟全球化，必須科技和知識全球化。但問題是，所謂全球化，其實是西方化。在近現代全球化的過程中，西方的科技及其製品的優勢首先體現在軍事實力上，然後才是經濟和文化。但隨著二次世界大戰結束和戰爭意識的淡化，西方在戰後經濟復興的基礎上，確

立了世界金融和貿易體系，並積極推行和主張其意識形態方面的強大優勢。這就形成了主流和強勢的西方經濟文化標準體系，所謂國際化和現代化其實是要其他國家地區遵從其標準，做到高山仰止。表面上看，未達到其標準的都是落後的文化和文明形態，但其實背後隱藏著高高在上的霸權。因為，標準和體系是西方已經設定好的，在既有體系中，需要像小學生一樣學習並改變自身的標準和體系，而在別人設定的遊戲規則和既定利益強勢歸屬的背景下，要想公平競爭基本上是不可能的。

經濟全球化不可避免地帶來文化全球化的傾向，經濟霸權也不可避免地導致文化霸權。這裡所說的霸權其實是指族群之間的某種不平等關係。如果說經濟是國家民族的硬實力，那麼文化就是軟實力。經濟不平等是基礎，文化的交流和碰撞是以經濟的交流為載體，而經濟上的不平等是通過文化的交流來連接並且通過文化不平等得以呈現。通過經濟硬實力塑造強國形象，以先進和領袖之名，通過科技輸出強勢文化，甚至文化產業也是如此，通過文化產品輸出自己的價值觀和所謂的社會思潮營造流行和模仿，霸權的影響潛移默化地改變著發展中國家。強勢發展國家為了創造有利於自己、維持其領導地位的國際環境，不僅在經濟上主導控制貿易和金融體系及其規則，在文化理論、文化資源、文化產品、文化人才等方面都在維持和彰顯自己的文化霸權。科技和經濟的巨大優勢以及貿易金融遊戲規則的制定主導權使得這些所謂先進國家，明顯輕鬆壓制和控制發展中國家文化話語權。在

被強權設定的規則下，弱勢的遊戲參與國，通常只能接受，甚至被迫接受而不自知。雖然說國際競爭，但面對與霸主及其盟友的巨大差距，也只有追趕的份了。這種優勢和霸權，迫使發展中國家只能採取學習的態度去進行所謂的現代化和國際化，以使得教育經濟文化等社會知識的方方面面都必須符合西方的標準。無論是教育中的各種名詞概念、乃至理論，都以西方學者為開山之祖，進行解讀、學習和發展，否則就會被視為無知落後，無法融入西方經濟體系，參與之並且獲得一定交換利益。文化霸權不僅表現在文化理論和文化商品的輸出，還表現在對處於弱勢的發展中國家的文化資源和文化人才的搶奪。所有這些都潛移默化地對弱勢文化產生價值觀上的影響和改變。相對於經濟霸權，文化霸權並不太明顯。由於對強勢經濟和科技的信任和嚮往，接受外來的知識和觀念有時候對於雙方都顯得理所當然，而忽略了雙方文化交流中存在隱性的權力話語。很多時候，文化霸權帶有非強制性卻又不可阻擋的特徵，強勢文化中的文化形態對於弱勢族群而言，卻存在話語上的規範性。一旦傳輸給他族成員，就會直接改變其思維和價值觀念的衡量標準和方式，從而影響其社會行為，這就給弱勢文化造成了文化上的危機。

然而，直面全球化和霸權的是國家的主權和利益。馬克思主張要實現共產主義首先要消滅國家，這確實很有道理。國家的中心和核心是主權，而主權對於一個國家而言，是高於一切且神聖不可侵犯的。只要國家存在，主權利益都是繞不開的全球化之障

礙。這是由群體及族群文化的排他性所決定的。王明珂先生曾經
提出族群的邊界是族群範圍區分的關鍵所在，因為圓形之所以為
圓形是由其邊界所產生的，由此產生了一個問題，個體在圈內和
圈外移動時產生的群體認同會有什麼不同。族群是由其本身組成
的成員分子所認定的範疇，具有主觀性；造成族群形成和認定
的，最主要的是它的成員所認定的「邊界」，而並非包括語言、
文化、血統的內涵，也就是說，區分導致內涵的深究。一個族群
的穩定性在於它的向心力，不團結協力的族群是無法長久存在
的。而一個族群的邊界，並不一定指的是「地理」的邊界，而主
要是「社會邊界」。對於共同體內部因共同祖先、祖源記憶以及
文化記憶而擁有親近感和情感聯繫，這對於共同體的認知強化有
重要意義，而且潛移默化在生活中，並以此來界定、加入或接納
或脫離一個族群。對外則有明顯的異己感，內外他者有著相對嚴
格的區分，就像清朝滿族人才能自稱奴才，外族才能自稱臣子。
族群的自我保護排他性以及所導致的族群認同的需要，使得族群
必然主張自己的民族是優秀的，具有悠長歷史和勤勞勇敢傳統。
這些文化記憶需要傳承、教育宣傳和在生活中得以經常感知；族
群的團體利益依託於歷史而且反映在歷史的解讀和強調。群體利
益常常表現在特定資源維護或競爭而產生，這種群體認同是資源
競爭的重要工具和動力來源，例如村落械鬥和國家之間的領土或
資源爭議，因此強大的認同感對於維護群體利益是十分必要的。
近現代中國正是由於其強烈的焦慮感和危機感以及落後意識加

強了共同體的團結，從而促進了其在新的文化方向上的發展和活力。

　　作為共同體的生存結構及其產物的文化，天然具有共同體的特徵和維持保護共同體的功能。因此對於共同體而言，本身是具有某種凝聚力和排他性。在一個多個共同體所組成的世界，互相排斥是共同體這種生命體的本能。一旦這些共同體要形成一個更大的共同體，就必須建立一個能夠平衡各個共同體的體系，以及體系的規則。問題在於體系的規則是誰建立的以及誰主導的，對於誰尤其有利？規則下的各個個體的角色是如何的？利益分配如何？資源不均等（例如，自然資源、人才、科技、基礎建設）的各國如何確立在體系中的公平？霸權必然引起反抗認同的高漲和主權的絕對主張。

　　強烈的文化排他性和文化認同感，在面對外來勢力，尤其是霸權主義，會立刻產生威脅感，這也為什麼要主張主權神聖不可侵犯和文化多樣化的原因。對強者和秩序規則制定者而言，單一體系和通用的文化標準就可以了，沒有必要主張文化多樣化。主張是因為缺少，主張文化多元化和自身傳統的保護發揚的，往往是競爭中感到巨大壓力的弱者。弱者之間也常常會有爭奪干涉對方的族源記憶，甚至強加於對方使之成為弱勢群體，因此形成不同的群體爭奪詮釋權（例如，韓國文化起源論）。

　　西方跨國企業由於其巨大的技術和體系規則運用的領先性而實力強大，並樹立了權威和標準，使得發展中國家只有學習而

難以趕上甚至超越，爭奪世界排名和達標其實都是在西方遊戲規則下的自我安慰。在經濟全球化遊戲中，一旦感覺到威脅，強者就會利用已有的規則和優勢壓制後起的國家，而如果還是不行的話，那就退群，另外建立組織和遊戲規則。經濟優勢、技術優勢，生產工具的差異存在反映在國家實力和地位上，而文化優勢則是通過用流行和科技包裝價值觀來輸出。強勢經濟體擁有商品輸出優勢和競爭優勢，甚至壟斷，攜帶的文化價值意識隨著商品進入其他國家的市場。商品的附加價值就是隱藏的文化價值，品牌也是如此，形成無形的主流意識和權威認知標準。使用外來商品帶來對於本土生活習慣的衝擊，例如西方的快餐文化。文化全球化其實是西方單向地向世界各地傳播其思想標準與行為模式，國力處於下風的國家只能在接受學習中競爭。西方國家在國力和輸出媒介上佔有壓倒性優勢，所以文化全球化往往是西方文化往世界各地傳播。因此，全球化下西方主導的文化傳播，就是所謂的文化全球化，傳播媒介的發展經由技術的轉化，特別是所謂電子媒介，如電視和互聯網和各種電子平台，在其中起了重要作用。透過所謂流行和權威的傳播媒介，大量的即時資訊迅速傳播到世界各地，從而影響其他地區的認知，尤其是這些資訊背後蘊含的意識形態傾向和價值觀。經濟全球化是不可逆的趨勢，已無法回頭，但有全球化，也存在主權鬥爭和群體利益保護的意識。強勢的西方價值觀，例如西方的民主制度和工商文明道德標準，對於其他文化而言，是一種困境，一方面不得不在教育學習體系

中搬用西方文化知識，以融入西方指定的遊戲，另一方面卻不得不面對自身文化被蠶食的危險。知識中隱藏著立場，而國家的主權還包括了政府的統治領導制度，一旦文化意識和道德標準被潛移默化地改變，那麼政治霸權感和國家政權危機意識就會大大提高。

工商文明在追求國家富強和個人成功上給予文明社會以信心，迅速地取代了農耕文化。工商文明需要移動的自由，尤其是自由市場，它不允許有限制流通的障礙，它是建立在社會穩定，包括糧食供應的穩定，基礎上的利潤競爭的社會交換遊戲體系。工商文明的利益在於全球的無障礙流通，這就是為何一個美洲大陸的國家想要當國際警察，控制全球的局勢，甚至不擇手段去干涉其他國家的主權，霸權的最大利益化和保障才是其根本利益。全球化是工商文明的全球化，這是因為工商文明是追求統一而開放的市場，一旦有國家成為障礙就會被認定為落後野蠻的體制而先推翻之為快。它需要統一的標準和固定的規則，只有各國都融入這個全球統一化體系，工商文明才能最大限度地實現自由化並達到其商品交換的利益最大化。

快速的全球化因此也是現代潮流而無法逆轉。反抗與融入同時存在於全球化的浪潮中。在反抗和衝突的一面，例如穆斯林文化，在西方文化向各國傳播的同時，感受到自身的文化危機，形成了極端的反西方價值衝突，甚至發展到以暴力攻擊西方國家的

行為。然而國際博弈並非零和而是共贏[1]。對於弱勢國家而言，如何吸收融合主流西方文化和自身文化，是一個難以平衡卻不得不做的事。在以西方媒體主導的文化全球化中，本土文化的力量其實不可忽視。本土對西方文化的吸收與反抗，也是文化全球化活動中的重要一環。其實，本土文化從來不是被動的接收西方文化。在文化全球化的過程中，一方面本土文化會主動地吸收與融化西方文化；更甚的是主動抗衡，反擊西方文化。日本的「和魂洋才」的口號其實就是文化融合的一個良好的例子。在融合的一面，在接收西方文化及帶有其特徵的文化商品時，往往會加以吸收和改變，給予這些新事物一種新的本土文化意義，使之成為本土文化的一部分，也稱「全球在地化」；同時也會將本土文化的特色，反向傳輸往西方。

全球化是雙刃劍。一方面可以整合各個國家地區的地理和人口以及技術資源，帶動整體國際經濟增長，對於各國消費者和國家而言可以做出一定程度上的互惠互利，提高生活和消費水平，而消費又反過來刺激需求和經濟增長；一方面既存的利益獲得國不願放棄競爭優勢，推行霸權主義，利用既得的高科技和資金投

1　非零和博弈與零和博弈相對。非零和博弈表示在不同策略組合下各博弈方的得益之和是不確定的變量，故又稱之為變和博弈。零和博弈表示所有博弈方的利益之和為零或一個常數，即一方有收入，其他方必有所失。在零和博弈中，博弈各方是不合作的。如果某些戰略的選取可以使各方利益之和變大，同時又能使各方得到的利益增加，那麼，就可能出現參加方相互合作的局面。因此，非零和博弈中，博弈各方存在合作的可能性。國際經濟中許多問題都屬於非零和博弈問題，即國際經濟中各方的利益並不是必然相互衝突的。

資掠奪資源和控制利潤佔比，轉嫁環境問題和社會問題，使得發展中國家和落後國家不得不承擔不公平的體系角色，在全球經濟危機時更要連帶遭受巨大的損失。全球化不僅會產生上述的經濟問題，而且因經濟霸權問題會產生國家間的政治霸權和文化霸權問題，導致弱勢國家不得不呼籲保護文化，強調國際文化多元化。因此，主權主張和全球體系的融入，全球化和文化多樣化其實是兩個互相關聯和互存的問題。

國家利益和民族利益是國家民族生存的基礎。由於體系的規則固定化，弱勢國家和民族唯一可以做的事，就是更好地和更深入地加強國家和民族認同，而這兩個認同則必須經由文化認同來進行和加固。因此，文化差異性在全球化中並不會消失，而是經由國家民族意識和認同乃至民族主義得以加深。國家主權的各自主張是近現代民族意識高漲的產物，同時也是全球化下的現象。有歐盟成立後的迅速擴張，也有英國脫歐。聯合國的決議也常常被美國公然無視。在「趨同」的大勢下，「求異」的傾向也逐漸深刻化。說到底，是國家利益和競爭起了重要的作用，隨大流加入已有的經濟體系是符合國家利益，維護主權和國家利益更是國家民族自主的核心。這也是為何全球化仍在進行、「國際化」和全球意識不斷提高而國際間衝突仍經常不斷的原因。亨廷頓所謂的「文明的衝突」其實就是面對霸權下群體意識危機和自我保護的表面現象，歸根到底群體利益還是核心。全球化是一種生存富國的選擇，利益維護卻是本能。

文化衝突的核心是價值觀的對立。所謂的全球公民意識和人類道德等等的全球化道德觀，在群體利益面前簡直不堪一擊。西方民主道德體系其實和全球化一樣，是西方通過強大的國力作為價值觀標準來推銷的，它只是西方社會的文化產物。這種以結果論來體現其絕對優越性的邏輯，本身是有問題的。因為西方的民主自由道德體系是真理，所以西方才會強大，其他國家就是因為思想和體制落後才被遠遠拋在後面，諸如此類的想法，就是一種結果論的因果邏輯，在中國也不乏追隨者。甚至還有人叫囂主張他們之所以思想和社會先進，是因為講英語的緣故。那請問為什麼不是法語呢，法國大革命還是西方民主運動的先驅呢？任何一種文化，可以套用一句話，存在即合理。文化有自己的土壤，是群體的生存之道，在歷史中也證明是符合其生存的，所以必然是合理的，並非所有的文化內容和內涵以及產物和現象都可以隨意移植到其他地理環境和群體社會中。因此，主張自己的文化一定是符合全人類和全地球的觀點的，一定有問題。

國家的資源和利益爭奪的極致化，最終免不了導致國際間的政治和貿易衝突甚至戰爭，但這些依舊阻擋不了全球化的浪潮。全球化是趨勢也是大主流，科技的領先直接導致國家實力的爆發增長，因此主張科技興國的國家仍是佔絕大多數。科技領先首先運用在武器上從而掌握了恐嚇的權力，而科技也會使得商品更有競爭力，更可打開其他國家的市場。因此，經濟霸權和遊戲規則的制定者不會放棄其地位，甚至壓制其他新興國家的崛起勢頭。

國際通用交易和外匯儲備貨幣的地位，使得美元和美債即使在美國經濟惡化的情況下仍然堅挺不下，在經濟危機時更可以轉嫁風險，美國的經濟狀況和股市一旦動盪，其他國家必定也跟著遭殃。因此，貨幣和科技的地位對於美國而言，是絕對不允許被撼動的，甚至不惜花費極其龐大的軍費也要在世界各地建立基地和拉攏同盟國，一旦有風吹草動就先以軍事和制裁威脅，甚至直接出兵干預該地區的政權和政局，目的就是要擁有絕對控制全球霸權的實力。因此，維護霸權是全球化下西方的不變策略，無論在經濟軍事硬實力和文化軟實力上都要千方百計地增強優勢。這種高高在上的絕對優勢使得發展中國家不得不追隨和進入這種國際金融遊戲體系，改變自己的文化教育知識體系以適應規則，而一旦遵從了規則就深陷於遊戲，只能在發展興國的自我安慰中無法回頭，路徑依賴講的就是這個道理。這種霸權主導下的文化輸出對於發展中國家政府來說實在是一種威脅。就像我們會對荷里活大片有必然的期待而對經濟文化實力比自己弱的國家的文化商品毫無興趣一樣，消費者對於強國的文化抱有一種仰望和信任的心態，並沒有意識到自己的文化正在無形中被擠壓和蠶食。這對於國家統治精英而言是細思極恐的。保護國家利益，在國家內部而言，在經濟和軍事上對外無可奈何，只能做大內宣。通過宣揚傳統文化價值觀來加強文化認同就能抵禦文化侵略，從而達到國家和民族認同的穩固。

因此，工商文明的特徵和要求勢必帶來全球化，現代全球化

特徵是以消費為基礎的全球貿易、分工和流通。全球化總的來說是西方霸權的體現，是既有的國際規則，在現時是不可逆的，就算你足不出戶，留在本國，都必須以全球邏輯來思考。但全球化的擴張也必然會引起國家主權的反抗，從而導致國家民族間的對立和民族主義的興起，這種自我認同感的加強主要反映在文化差異感和文化間的障礙對立的加深。經濟全球化必然試圖推動文化全球化，不僅帶來不同文化人之間的互動和文化融合，也會帶來文化上的對立。全球化必須要跨越國家和民族及其文化等方面的障礙，因此也是跨文化溝通的一個重要主題。文化多元化的要求是對全球化過度強化標準的一種制約，它本身也是全球化的產物。文化多元化是文化認同的表現，是各國為保護自身文化和價值觀不受改變的手段。文化差異和文化認同感的深刻化更需要跨文化溝通來解決。

全球化是現代的趨勢，也存在路徑依賴問題。全球化同時也帶來反向的主權問題和文化多樣性的問題。在這個意義上，全球化的單一性和文化差異的多樣性並非必然地完全矛盾和互不共存。而且，後現代性的主張和文化多樣性也是相符合的。在理解包容的基礎上，各文化完全可以在全球化的互相交流的便利背景下，進行吸收和融合，重塑適合本地社會的現代文化。這本身也為跨文化溝通帶來必要性和提供了通過溝通達成符合各方利益的理論基礎。

第十二章

跨文化溝通的問題

從前面的章節我們可以看到，跨文化溝通作為溝通中的一個重要且複雜的種類，是個人作為團體一員並帶有團體獨特的特徵和立場角度，來參與溝通的過程。它因此不僅是意思的交換，還帶有群體文化差異和文化認同的因素。其根本原因是文化的多樣性影響到溝通的性質和結果。它可以解釋為，理解並分享異文化者所表達意思的過程，包括了跨民族、跨種族、跨國籍、跨文化圈、文化圈內各群體等方面的溝通。異文化對溝通的影響背後，其實是由於文化在潛移默化指導溝通行為，使得溝通參與者下意識或潛意識地用本文化習慣進行溝通。其中包括了文化獨有的對於語言表達、距離、控制情緒程度、表情、接近方式、思維判斷方式等等方面的習慣。跨文化溝通的前提是，對於共同的符號和意義價值觀，群體有認知共性以及不同群體有不同的認知差異性。因此，文化差異是跨文化溝通首先要面對的一個主要問題。同時過度牢固的文化認同也會帶來強烈的自我文化優越感和自我文化中心，影響到對異文化的理解。

　　我們在國內外都可能會遇到跨文化溝通的問題，例如國外的

訊息和文化商品的輸入以及與外國人的溝通，還有出國所遇到的文化衝擊等等。在目前國際社會中，跨文化溝通中關於文化差異和文化認同的共同關注問題，主要集中在於移民和難民的問題上。移民和難民要面對的都是異文化，然而還有一個群體的問題。也就是異文化的人口佔絕對多數，自己的文化不可能取代這麼一個大群體的文化，而且這個群體另外還有自己的國家利益和主權。於是出現了移民和難民進入和融入其他文化族群的問題。對於難民，其他國家有其主權和群體利益，他們是否有義務接收難民呢？若是按照全球公民的價值觀，那麼接收就是義務。但是站在群體利益的角度，我們的疆域是神聖的主權問題，不可以任意進入，除非是像類似歐盟和免簽證協議的國家之間；而且資源是有限和屬於自己的，為何要與人分享呢？移民也是如此，你有堅持自己文化習慣的自由，但既然你選擇在他國生活，那麼就是該國國民的一部分，你有什麼權力要求他們改變自己而接受你的文化習慣呢？還有一個問題是難以有答案的，那就是移民和難民是否有義務放棄自己的文化而接受異國的文化呢？文化本能是排他的，對於一個或一些與自己族群格格不入的異文化者，自然希望能認同自己的文化，如若不是，那麼就會當場外人來看待，而這些難民也會永遠都是難民。猶太民族曾經就是在歐洲各國因為堅守自己的習俗不願改變而被差別對待。自我文化認同過於頑固，雖然有利於民族團結，就像猶太人在上千年流離失所之後還會重新建國一樣，但正因為如此反而會加深與其他群體的文化隔

閡。試想，如果一群人中老是有個人與其他人思想行為相異並不相往來，那麼其他人會熱情地對待他嗎？或者在他受難時非常願意去幫助他呢？唯一的方法就是改變自己，當地有當地的道德和法律，你是當地民眾的一員，那麼意味著你得尊重和遵守這些文化習慣。當然，當地的民眾也必須有包容的姿態，來對待一個不是那麼快可以改變自身習慣的異文化者。就像一個外國管理者來到不同文化的國家，要求公司採取其他文化的工作生活習慣和價值觀一樣，不是誰對誰錯的問題，主要問題是現地的人口結構問題，誰是文化的主體，外來少數異文化者是無法立即改變當地的文化。在主流文化中，外來的異文化者得認知改變主體文化的難度。文化是一種生活習慣，要改變自幼習得的文化是極其困難的事，雙方都必須要有理解和尊重包容的態度，從而找到一個妥協共贏的平衡點。

對待文化差異，樹立正確的文化觀是一大重要前提。全球化和文化霸權中，西方各國在科技經濟和整體國力上的領先優勢並不能將人和文化單一化，要正視其他族群在其人口結構上的多樣性，不能將自己的文化作為標準強加於其他族群。世界上並沒有純粹的所謂自認的純種或純血統民族，說到底都是晚期智人後代的混血。所謂美國人民也是移民的後代，本身也是文化大熔爐。國力落後的國家也不用貶低自己，硬要全盤西化，甚至將西方語言當成高高在上的貴族語言，而應在自身文化智慧的基礎上吸收西方的可用文化。文化沒有高低，只有是否適應該民族生存的

問題，每個民族的文化都是其歷史智慧的結晶，不能因為自己的暫時強大而貶低其他族群的文化。所以對待異文化和文化衝擊，首先接受文化多樣性，擯棄民族優越感，理解對方，採取寬容的文化觀，接受在眾多文化社會中每個群體可以被允許以不同方式處事生活的文化認知態度。方法上，我們要正視文化多元化多樣性，降低對陌生人的陌生感，積累知識及對他者的認知，學習如何處理不確定感，並以欣賞的態度來看文化敏感是如何積極地影響溝通。

　　跨文化溝通除了具有溝通應有的基本幾大要素之外，最主要的還是文化差異帶來的心理和意識的影響因素。因此與同文化溝通相比，跨文化溝通中的主要問題主要體現在參與者自身的文化理解力和面對文化衝擊時的應對能力。當然，主人與客人是有心態上的差別，在自己的文化群體中相對會更有安心感，也沒有必須要去了解和預測對方的緊急需求，而客方則會急於去突破溝通障礙。由於差異所造成的懷疑和恐懼會導致焦慮和不確定感，處在異文化情境的溝通參與者會感受到強烈的文化差異，會忽略對方個人的不同而過度重視對方文化總體差異性，甚至會產生個人與群體之間的對立感以及不可預測性帶來的不安全感。這種不安全與不可預測不確定感會將個人溝通的不確定性焦慮上升到文化衝突的層面。所以一定的心理建設是必要的。異文化者對文化的不解和誤解導致對溝通的高度不自信，就會在情感上導致焦慮的感覺或是情緒上不自在、緊張、擔憂等，這其實是認知不足導致

不確定的心理。所以要應對文化衝擊，一定的異文化知識和了解體驗也是必要的。溝通參與者需要去積極認知各自的文化差異，以及了解對方的文化符號的不同意義，否則自己的需求慾望和實際溝通過程就會出現落差。例如掌握不同文化的高低語境之間的差異，這是因為，高低語境之間的差異常常引起本意和字面意義的差距、語速、音量、姿勢、空間和接觸方式等等方面的呈現方式的不同。

文化交流的心理障礙

文化對於群體及其成員個人的思維和行為的影響是後天且難以覺察的，正因為是群體生活的一部分，文化的習得是無意中進行的而不自知，並且在意識層面反應出來，形成思維和行動的直接參考。文化以種種方式在指導我們，怎樣去判斷他人，使用何種標準去作判斷。從感知和認知的角度而言，如果說人一出生時我們的感知規定性已經在扭曲這個世界的原貌，那麼文化又給我們各自套上另外一種薄紗，使得我們進一步扭曲對於這個世界的認知。我們必須且不得不自信地認為，我們的認知、評價和判斷是自然而真實的，並且在行動中表現出來，彷彿我們以及我們的文化已經獲得最真實和唯一的標準。於是，我們排斥、不信任且

無法移情和感同身受，我們的成見和偏見也彷彿是自然天生和帶有絕對真理性的。

　　由於我們依賴於自身的先入觀自洽體系來感知和認知外界，對自己習以為常的文化習慣和現象自然當成正常標準，遇到非標準的，也自然覺得怪異了，這歸根到底是不了解自身文化中的關鍵特色與偏見在作怪。古怪是相對的，可能對方也會覺得你古怪，因此，不必將自己的文化全球標準化上升到普天道德標準。例如，對話中保持相對長久的沉默很可能是某種文化習慣。這種先入觀如果過於強烈的話，會導致溝通者無法理解或解釋來自不同文化者的行為，而常常會有「他者要像我」的頑固堅持，卻不知異文化行為是該文化的習慣延伸，面對文化衝擊產生崩潰感也就在所難免了。同樣地，當自身的文化導向影響行為時，我們卻只陷入在「身在此山中」的狀態，缺乏文化敏感度，對行為背後的文化導向的影響並不理解，從而導致判斷的偏見佔據主導，使得自己的文化溝通交流產生偏執而無法跨越文化障礙。以本文化標準和價值來判斷他人，會產生文化資訊的誤讀和過度解讀，例如，中國人表示自謙會說「哪裡哪裡」，這在其他文化來說字面的意義會造成誤解和不知所措。還有，中國人常有「吃了嗎」和「吃了」之類的對話，其實目的是要打招呼寒暄和拉近關係，而不是單純字面意義上的表達。同時文化敏感度低也會導致文化資訊減少，也稱文化折扣，不同文化之間的溝通中文化折扣在所難免。它通常指的是，文化產品在從本國本地區傳播到其他國家或

地區的過程中，會因為進口國或者進口地區市場的消費者難以認識，或認可產品之中所傳遞的異國或者非本地區的文化內容，從而造成文化價值的誤解和折損。但是這個概念同樣可以應用在跨文化溝通上，文化折扣可以理解為，一種文化符號和現象在傳遞到異文化者，就會造成其文化意義和價值的折損，而導致文化折扣的原因當然是文化差異所造成的文化背景和思維不同。因此，在跨文化溝通中，一定程度的文化認知轉換或文化移情是必要的。文化移情是一種理解不同文化的主動性，它是一種心理體驗、感情位移和認知轉換，是有意識地超越民族本土語言文化定勢的心理束縛，站在另一種文化模式中進行思維的心理傾向。[1]因此，文化敏感度和積極包容的態度都是必要的，否則就會造成對自我文化的過度認同和對其他文化的不尊重和否定。「東方主義」一詞常被用來代指西方世界國家對中東、亞洲和北非社會的普遍高傲態度。這種高高在上的文化高姿態，就是一種極端的文化偏見和傲慢，將強勢文化當成高級文化的表現，從而加劇了文化間的對立。溝通需要起碼的意願作為前提條件，防備、戒心、漠然、動力不足、無意願等都是原因，甚至避而唯恐不及，無法和來自他文化的人們發展良好和持久的人際關係。除了心理上的因素，適應性差、應用能力弱也是問題，所以應對異文化溝通能力的培養也很重要。我們經常會缺乏對待跨文化溝通的基本理解

---

1 當然，有時也會產生逆文化移情，A 與 B 分別互相轉化為 B 與 A，反向不一致，反而造成溝通混亂。

和應變能力，即便是自己對某種文化有了解或擁有某些接觸和經驗，但對於其他文化仍然束手無策。這就需要在理論和實踐上積極進行自我鍛煉，從而通過具體文化體驗來提升應對各種不同文化的能力。

正如溝通障礙的根源是個人感知和認知的獨特先入觀體系，跨文化溝通障礙的根源是所謂的文化巡航模式和路徑依賴，文化在指導著群體成員的觀念、思維和行為，而自我文化中心和標籤化會影響到對異文化行為的判斷。文化習慣是個人模仿群體行為的結果，從而造成文化假象或假定。在文化的影響下，會產生選擇性知覺、習慣性忽略和注重，面對同樣的情境，不同文化背景的人就會有不同的聯想和注重點。在自身的記憶儲存體系裡，人的意識出於方便和惰性，通常會採用簡單分類的方式來區分不同文化，難免產生貼標籤式的偏見和造成刻板印象，導致我們經常會採取直覺性的歸因邏輯，例如「這個文化中的人會採取曖昧的表達方式，所以這個文化的特性就是「虛偽」之類的直覺卻粗暴的推理。或者產生，「因為他是某國人，那個國家的人通常會如何，所以他也一定會如何如何」之類的成見。成見是個人在群體生活感知習慣性經驗和訊息中產生的，用於簡易地識別外界事物，並構成了可以自洽、自圓其說的理解認知體系中的快速判斷來源。成見，乃至從錯誤執著的信念中產生的偏見，都是個人在社會生活經驗和資訊中所得到的預先判斷，並非是溝通之後的判斷。因此，我們常把文化群體的成見也稱為文化定型，即認定某

個文化內的所有人都有一樣的特徵或特質，它是一個群體對於另一個團體的簡單的固化認識。文化定型是通過經驗和學習而形成的，往往是通過簡單歸納的方式得出的群體設定和標籤化結果，嚴重則會導致偏見歧視等極端觀念。文化定型分自定型和他定型，這就導致了一般的族群會自然地認為自己的民族勤勞勇敢，而對於其他民族則偏向於使用保守、刻板、浪漫、衝動之類的評價。分類在認知過程中不可避免，文化定型也是如此，純粹是為了預測上的便利而形成的一種認知簡化習慣而已。而且，文化定型有其一定的合理性，文化是後天習得且成為生活一部分，那麼群體內的成員在一定程度上必然存在著某種相似性，尤其是一些行為儀式習慣類的方面，其共性的辨識度也相當明顯，在對於區分群體有一定的幫助。沒有文化定型所建立起的規律，我們無法擁有判斷的依據，但是將過度的文化定型作為常識，會誇大群體差異而忽視個人的特性和差異，不僅會導致民族自我中心，也不能察覺長期的群體和個人變化，而將溝通對象視為唯一且不變的群體代表。

因此，首先，我們要認識到異文化的存在以及其存在是有其群體合理性的。這是跨文化溝通的起點，如果一開頭就排除了異文化的正當性，那麼就無法進入溝通的下一步了。而且在跨文化溝通中，在包容的前提下，要主動地去了解並理解異文化，不能預期他人會適應自己。強勢文化者通常會這麼做，他們會認為他者會極力想與之溝通，會主動學習強勢文化內容並試圖理解之。

好處是只要對方一方去學習，壞處是對方可能會有誤解或並不像預期那樣理解，亦或過於強勢導致反感。無論是文化差異性過大、溝通風格差異過於強烈、或是語言障礙難以突破，只要調整心態，認知自我判斷是主觀和難免自我中心的，用包容和共情的開放心態去接受異文化，都可以慢慢跨越溝通障礙。

異文化的理解方式

在一種文化中，人們的行為、規範、習俗、傳統與這種特定文化的世界觀和價值觀相聯繫，要理解這些東西的含義，就必須從文化自身出發。跨文化溝通過程中，要面對許許多多的關於文化差異形成的溝通障礙，例如，語言和非語言、信仰及其導致的行為、基本社會價值觀和文化的多樣性問題（包括文化內部的亞文化和次文化現象）。語言當然是一個首要的攔路虎，但是文化通常隱藏在語言的語法和字面意義的背後。要想真正了解和理解異文化，必須要有文化意識，並且要深入認知文化的本質，而不是表面現象。

現時理解文化差異的一般方法，是對各種文化進行粗暴的劃分，並建構其固定或刻板的行為印象，將其當作某種起點或前提，用來預測以文化為基礎的行為會有哪些模式。文明模式、民

族、國家、地區、血緣、人種等。粗略的劃分在簡便化方面固然尤其有效用，然而，過於粗暴的區分往往欲速則不達，想要消除障礙的方法恰恰成為障礙的一部分。將某個國家的文化模式化並不能反映個人行為的全部內容和背景及動機。例如，說美國人會這麼做，其實是將某種偏見強加於所有美國人頭上。通過列清單式的現象區分也是了解文化的常見方法，只需要明瞭列出文化現象例如生活習慣、風俗、禁忌等注意事項即可。然而，每個文化中都存在次文化或內部不同文化形式，歸納法並不能說明一切。清單也無法細緻體現文化本身。

因此，要做到真正理解文化差異還是要回到文化本質上，從本質來看現象才是一個良好的且可持久有效的跨文化溝通方法。以下，我們將做一個研究文化差異方法與目的的比較。

方法 1：大致區分，從歸納現象到原因，從大到小從幹到枝

先大致劃分文化區域或文化圈，例如七大文明／文化區域，再以國家層面的區別加以細化，如此類推到具體地區，而如果國家界限無法解決區分的，則以超越國界或國族的更大範圍的民族角度分析。文化是團體性，從團體的角度進行劃分，雖然簡單粗暴，但卻經常能得到迅速解惑。這種方法強調文化的遮蔽性特徵，有最簡化和具體清單化兩種方式。這所採取的觀察和比較的手法通常以案例分析，注重於現狀的差異與衝突，將個體對立衝突上升到團體性和典型性的視角，然後再從簡化的異文化清單中挑選符合案例的情況，作為解釋的根據。

優點：簡單易懂，衝突原因可以容易按圖索驥，只要設定原因，點對點就可有標準化答案。特點是低成本、便利。

缺點：差異現象的因果絕對化、理念化，反而會犯溝通中的大忌，即傾向於先入觀中的成見和偏見；對溝通的障礙，只求快速答案，試圖將不同團體文化表層差異放之四海而皆準，甚至將其用於解釋所有衝突，而現代世界的衝突並非都是文化的衝突；只注重標準化答案，往往忽略文化的多樣性和個體背景和狀況的複雜性。

研究文化差異的動機是找出其差異點以便更好地溝通交流。只要存在文化間的交流，就存在障礙和差異感，也就引起自我和他者的區分，並上升到對文化差異的敏感反應。那就會下意識地首先轉向該差異領域，尋求解答，希望理解差異的原因並藉此消除或減少障礙。

在這時，往往為了迅速處理跨文化溝通障礙，就會採取簡化答案的方式，根據容易明白的文化圈區分方式來試圖得到造成差異感的原由。追求簡單有效是人類的意識思維惰性所致。這種類型的文化差異研究的目的就很簡單，對差異進行大致區塊一般化和固定規律化，以便能預測對方的思維模式和行為方式。這是由於溝通的時效性所決定的。也就是說，必須在最快的時間找出差異及其原因，否則溝通就無法快速有效進行。

上述方法的缺點主要在於過度注重表層以及初步印象，導致刻板化印象。貪快的後果就是將表層主要特徵一般化，甚至將從

他人所得的舊訊息作為判斷依據。這種方式在短期跨文化溝通是常常用到的,其實也是跨文化溝通本身存在的問題。我們習慣於把溝通對象簡化為自己所認知的異文化的代表,認為他 / 她理所當然要具備該文化的所有習慣、思維和行為方式,而忽略個人對於群體文化而言是有其具體背景的,而且是會變化的。也就是說把個人和群體標籤絕對等同化,這就造成溝通中的成見障礙。我們面對的是活生生的個人,而非我們所認知的那個群體文化印象。

上述方式還有一種改進版本,這個版本需要進一步深入細緻區分,即具體化層次化原有的簡單區分標準,使之成為更詳細的標準清單,但本質不變。仍然是從現象本身著眼,根據差異表面和個別現象來分類,只不過分類具體化了些罷了。它模糊地意識到了文化現象的複雜性,但仍然不願承認文化的柔軟性和可變性,試圖剛性地區分,目的仍然是求得相對較快程度的理解差異和解決溝通問題。差異是怎樣和怎麼辦是它的目的和急所,但往往還是欲速則不達。這種方式是在相對長一點的跨文化溝通期間常常被用到,以應付類似旅行出差之類的生活工作的需求。

方法 2:從文化整體本質特徵到文化現象

從文化的各種決定因素和偶然因素以及演化的角度,來思考文化的構成及其原因,從而由根本上解釋各種文化現象,並深入到文化現象的各個層面,從而實現文化表層現象的意義系統化。

注重文化起源及其演變和融合,從歷史過去式,例如地理環

境、氣候變換、人口結構等方面，綜合考量來分析差異產生的原因，強調文化的柔軟性和可塑性。這種方法常以了解文化演進和文化關聯性為基礎，結合全球和歷史視角對具體區域進行微觀分析和細緻化理解。這就需要文化全局觀和區域多樣性的視角和調研。

缺點： 需要長時間研究學習，並理解分析文化的各種特徵，文化的可變性和複雜性。相對方法 1 而言，在初期存在高成本。

優點： 在文化溝通中，可以柔性理解差異，具體對待，不以標準化來解決文化差異帶來的問題。可以做到舉一反三，並同時將本質化的理解應用到不同的文化模式，也就是掌握了基本的理解文化的技能。

比起第一種方法，第二種方法則需要通過長期的文化研究，特別是關於文化本身的特徵歸納以及演進融合轉化的細緻分析，培養全局觀和多樣化的思維。這對正確理解文化，減少溝通中出現的障礙和僅從表面現象作出誤判的可能性。

當然，溝通是需要成本考量的，短期溝通和長期溝通並不一樣。短期旅行可能並不需要高成本地去理解某個文化的方方面面，只要注意規避風險和禁忌可能就可以。長期溝通或是經常會有遇到跨文化溝通的狀況時，我們最好採用第二種理解文化差異的方式，確保溝通的順利和有效性的常態化。

我們常說的文化智力或文化智商，其實就是面對異文化的跨

文化溝通應對能力。文化智商首先是一種文化意識，更是一種能力，包括對文化差異的敏感度（對怪異或相反現象之本質的感知）、對文化差異的認知度（了解異文化的程度和進一步理性分析）、同理心換位思考（包容和認可度）和可融入程度（接受異文化並把知識實際應用到溝通上）。換而言之，文化智力是個人成功適應新文化環境的能力。它反映個體在面對不同的文化背景和文化現象的狀況下，在通過適當收集整理和分析處理文化資訊的輔助手段，不依靠成見，做出合理判斷並採取相應的有效措施，以適應新的文化的能力，包括語言能力、時空環境適應能力、情感掌控調節能力和實際處理人際關係能力等方面。

因此，在面對跨文化溝通的障礙時，動機意願態度、知識和技能這三方面缺一不可。動機意願態度是屬於心理建設，面對文化差異的障礙，良好的溝通動機、積極的溝通意願、開放包容的態度為跨文化溝通的順利進行首先奠定了基礎。對文化方面的基礎知識和針對不同文化的深層了解，可以為文化衝擊提供緩衝和減少意外感，也會給跨文化溝通帶來期待，這樣能更容易理解和分享資訊，辨別不同符號背後的意義並進行意思交換。一定的知識可以幫助理解文化的本質、特徵和差異。技巧和能力可以通過培養而增強，要具備同理心，不局限於表層現象，是從文化和溝通的本質出發，通過親身體驗和實踐，靈活運用知識，針對具體個人來進行跨文化溝通。千萬不要僅以自己的文化背景對他人的行為作出預測。必須認識到與你溝通的人來自不同的文化背景和

溝通類型，承認文化的差異之存在並接受它。要認識到自身環境經驗及教育中得來的偏見也會阻礙相互的理解，摒棄先入為主的觀念，因為自己的認知有可能是錯誤或有偏差的。同時在實際生活中有意識地提高自己的溝通技巧和能力，以適應多文化世界的生活。

文化差異的心理建設和敏感度、文化差異的知識理解和分析力、以及具體實際應用能力和技巧構成了這種處理文化差異的主要要素和特點。這三大要素息息相關，互為條件和進步的基礎。擁有良好的與異文化溝通的動機和意願是前提，會提高文化敏感度和增進文化移情的動力，體察知識與感受以及整體與個體的具體聯繫，並將知識主動靈活應用，根據不同情況場合來適度地遊走於其中，選擇適當的方式來應對文化衝擊。通過反省和經驗總結，又會使得文化智商整體得到提高，從而不斷增強跨文化溝通的能力。以上三者缺一不可，而且緊密相連，互有交錯，關鍵在於三者的統一整體運用。它與同理心和控制情緒等方面的溝通技巧相結合，能夠使得我們的跨文化溝通能力更上一層樓。

溝通是複雜而動態多變的，並沒有溝通定式和方程式之類的東西，跨文化溝通也是一樣。歸根到底，人不是機器，人的經驗背景和感情變化超越可以複製的機器。人的感知和認知雖然有其規定性，但建立在規定性之上的感知和認知的來源因人而異，這就造成溝通本身是有障礙的基本原因。雖然文化中群體也有相似的思維和行為習慣，但是群體不是個人，個人也不是群體，具體

到個人和個人之間的溝通，即使是跨文化溝通，也要注意到個人的因素，不能採用公式去套用。因此，溝通沒有完美的方程式。溝通總的來說，不是「要怎樣做」的問題，因為一旦說「要怎樣」，那麼就會造成「一定要怎樣」的誤導。認識到差異，認識到溝通的不完美，心懷尊重和同理心，避免先入為主地套用經驗知識，反而能夠促使溝通順利進行，提高溝通的有效程度。

參考文獻

陳國海主編：《跨文化溝通》，北京：清華大學出版社，2017。

甘利，胡愛清：《跨文化交際與溝通》，北京：北京師範大學出版社，2013。

崔新建：《文化認同及其根源》，《北京師範大學學報（社會科學版）》，2004 年第 4 期，第 102-104 頁。

范可：《文化與認同——略論民主國家整理多樣性的途徑》，《原生態民族文化學刊》2022 年第 1 期，第 17 頁。

韓震：《論國家認同、民族認同及文化認同——一種基於歷史哲學的分析和思考》，《北京師範大學學報（社會科學版）》，2010 年第 1 期，第 106-113 頁。

塞繆爾・亨廷頓（Sanluel P. Huntingron）：《文明的衝突與世界秩序的重建》，周琪等譯，北京：新華出版社，1998。

李錦昌：《商務溝通與應用文大全》，香港：商務印書館（香港）有限公司，2012。

李茂政：《人際溝通新論——原理與技巧》，台北：風雲論

壇有限公司，2007。

李鐸，程港：《從民族認同走向國家認同——基於憲法愛國主義的視角》，《黑河學院學報》，2021 年第 7 期，第 61-64 頁。

李智環：《民族認同與國家認同研究述論》，《西南科技大學學報（哲學社會科學版）》，2012 年第 2 期，第 88-93 頁。

琳達·比默（Linda Beamer），艾里斯·瓦爾納（Iris Varner）：《跨文化溝通》，孫勁悅譯，大連：東北財經大學出版社，2011。

劉國英：《從肌膚存在到文化肌膚——走向文化交互理解的現象學》，《現象學與人文科學》，2020 年第 9 期，第 91-128 頁。

羅賓·鄧巴（Robin Dunbar）：《社群的進化》，李慧中譯，成都：四川人民出版社，2019。

馬爾科姆·沃特斯（Malcom Waters）：《現代社會學理論》，楊善華等譯，北京：華夏出版社，2000。

帕戈登·安東尼（Anthony Pagden）：《兩個世界的戰爭——2500 年來東方與西方的競逐》，方宇譯，北京：民主與建設出版社，2018。

彭凱平，王伊蘭：《跨文化溝通心理學》，北京：北京師範大學出版社，2009。

王明珂：《華夏邊緣——歷史記憶與族群認同》，台北：允晨文化事業股份有限公司，1997。

王明珂：《英雄祖先與弟兄民族——根基歷史的文本與情

境》，北京：中華書局，2009。

習近平：《在文藝工作座談會上的講話》，《人民日報》，2015 年 10 月 15 日。

習近平：《在 2014 年中央民族工作會議上的重要講話（2014-02-28）》，「新華網」http://www.xinhuanet.com/，2014 年 9 月 29 日。

習近平：《習近平參加十三屆全國人大四次會議內蒙古代表團審議時的講話（2021-03-05）》，「黨建網」http://www.dangjian.cn/shouye/dangjianyaowen/202207/t20220721_6432644.shtml，2022 年 7 月 21 日。

習近平：《習近平主持中共中央政治局進行第十三次集體學習（2014-02-24）》，「中央政府門戶網站」www.gov.cn，2014 年 9 月 25 日。

曾利娟主編：《文化差異與跨文化交際》，北京：中國鐵道出版社有限公司，2019。

張小軍：《中華民族共同體的文化認同》，《原生態民族文化學刊》，2022 年第 1 期，第 35-40 頁。

朱曉陽：《「淺」而「實」與民族國家認同》，《原生態民族文化學刊》，2022 年第 1 期，第 31-34 頁。

莊恩平，娜恩・M・薩斯曼（Nan M. Sussman）編著：《跨文化溝通》，北京：外語教學與研究出版社，2014。

Harari, Yuval Noah. *Sapiens: A Brief History of Humankind.*

United Kingdom: Penguin Random House, 2014.

Sambey, Moira. *Business English and Communication*. Hong Kong: The Chinese University Press, 1999.

Seely, John. *The Oxford Guide to Writing & Speaking*. Oxford: Oxford University Press, 1998.

Synnestvedt A. "Who Wants to Visit a Cultural Heritage Site?", *Images, Representations and Heritage*. New York: Springer, 2006: 333-351.

後記

　　2023 年春節的澳門，似乎仍然沉寂於新冠病毒的陰影中。每日深夜到天明，奮筆疾書幾千字好像也成了種生活習慣。黑夜的寂靜是沉思的動力，敦促著我在書桌前堆砌文字。沒有憤怒，更不平靜，只有思緒在蠕動，甚至還有些淡淡的憂傷。寫作不易，還得看心情。寫完一本書，也無甚成就感，彷彿只是剛剛完成了一段思考。那下一段思考呢？思考需要閱讀，學海無涯，於是不禁又焦慮了起來，彷彿還有點惱火，當然是對自己的。但又想想，我有什麼資格惱火呢？只是藉口罷了。餘下的大概只有焦慮了。一堆文字，一本書，應該是焦慮的結晶，抑或是下一個焦慮的開始吧。

　　本書是我數年來個人閱讀和教學內容的部分總結，尤其是在澳門城市大學執教跨文化溝通這一課程中得到的一些思考和體會，為撰寫本書打下堅實的基礎。寫作的本意在於，通常的溝通書籍要麼長篇的國外高深理論，要麼一堆的文化現象例子，對於溝通以及跨文化溝通本身並不能很好地提供簡明的原理和深入淺出的解釋。列舉文化現象表面上看起來很熱鬧，但僅止於了解溝

通中的文化差異點。有鑑於此,個人深覺有必要通過簡單的原理介紹來對溝通的現象進行本質的探討。因此,本書始於哲學上的認知論,首先指出人的感知認知的規定性和局限性是導致溝通必要性的根源,通過分析溝通的要素以及文化的特徵,來對溝通障礙產生的根本原因進行探討,並具體延伸到全球化下跨文化溝通的現象和問題。講道理,不拘泥於引經據典和搬出大理論,從原理重視到問題的展開,是本書的寫作思路。

本書的一大特點是對文化本身進行定義和基本特徵的分析,並加入在跨文化溝通中通常不被重視的文化認同問題,從而擴充了跨文化溝通領域中的研究主題。同時也針對全球化帶來的文化霸權以及全球化和文化多樣化的邏輯關係進行了相關的探討。這是因為這些複雜的時代背景及其產物正是造成現代社會中跨文化溝通問題的最直接和最相關的因素。

溝通並無完美,這是由人和環境的差異性所決定的。人並非機器,並無定式,溝通也不能靠數學和方程式來解決。順暢的溝通是良好的心理建設,豐富的知識經驗和靈活的實踐相結合的過程和結果。因此,像康德所說的,「理解到物自體是不可知的,就是一切了」,往往對待溝通抱有一定的不確定感反而才是真正理解溝通了。我們必須得首先承認人本身是不完美的,而且各自不完美;不完美得不一樣,而且無法完美。只要承認人的不完美,承認溝通的不完美,才能接受溝通的失敗,而不是偏執於理論所帶來的預判。無所畏懼其實是無知,雖有必死的信念,但是

溝通不需要它。溝通關乎人性和情感，是人文學科的範疇，卻不能說一定是科學的範疇。科學需要絕對的確定性，人也渴望確定性。但對於溝通，過度的確定性並非好事。這其實就是人文和科學的巨大差別。人文關乎人與社會，科學的本質卻恰恰相反。外在的科學說到底只是一個冷冰冰的理論模型，或者說只是一個工具，人可以創造工具為人所用，但工具不能替代人性。人性本無善惡，工具的獨佔爭奪及其產生的權力利益卻能使人傾向於惡。

因此，本書並非在提供某種科學定式或理論，而是反思和批判，而且是對於人和社會的思辨性的探討。寫後回頭再去看文章，與其說是在講溝通原理，不如說是自我思考的表露。面對瞬息萬變的自然界，人類沒有資格自大和狂妄，所謂的科學更是如此。本書至此，先告一段落，學術著作並不一定是科研，也不以科研為目的，它更是個人思維體系的反思和整理的結果。最後，還是要以愧疚和感恩的心情面對人生和家人以及所有的有緣人。因為，溝通說起來容易，但是真正在社會實踐中總是力不從心。這本書並不是要要求所有人都應該做到極致的良好溝通，畢竟，我有什麼資格說別人呢？完成了一本書，似乎是種短暫的安慰。我心光明，夫復何求。

當然，畢竟俗話說，十年磨一劍，短短幾年想要將溝通和跨文化溝通的研究用十萬字的篇幅來說透，是不可能完成的任務。這需要後續不斷完善和深入研究跨文化溝通的複雜性和時代性來

面對各式各樣的課題和挑戰。菩提本無樹，明鏡亦非台。回歸本心，將想要和所能之事做出來，也算是了了一件心願，後續將如何深入研究，也就隨緣了。

2023 年 2 月於澳門城市大學